東西学術研究所研究叢書第8号
言語接触研究班

言語接触研究の最前線

内田 慶市 編著

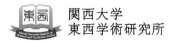

関西大学
東西学術研究所

はじめに

主幹　内　田　慶　市

　東西学術研究所言語接触研究班の研究成果報告書は、「言語接触研究の最前線」とたいそうなタイトルにしたが、必ずしもオーバーではなく、その領域のトップランナーの論考を集められたと考えている。

　今回収めた論考は、欧米人の中国語研究に関するもの、近代漢語における基本語彙の問題、日本人の手になる北京官話教本の実相、古事記と「仮名」の関係、唐通事の官話教本、日中間の大数の命名の仕方と多岐に亘っているが、まさに言語接触研究の様々な可能性を示したものと言える。

　私達の研究班は中国語学、日本語学を中心にしながら、その周縁領域の研究を含むものであり、「周縁からのアプローチ」をその核心的方法論とする文化交渉学研究の重要な一部分をなすものである。この「周縁からのアプローチ」は、この研究班の構成メンバーによって10数年も前から提唱されてきた方法であるが、今や、世界的な認知を得て、ある場合には「跨文化」とか「越境」とか名称は異なるが、色んな分野でこの方法の有効性が実証されてきている。とりわけ、言語研究においては、域外資料を活用することで、いわゆる「本土」資料では見過ごされたり、そもそも見えてこなかった現象が「見えてくる」のである。

　何はともあれ、本報告書に対しての大方のご叱正をお願いする次第である。

2020 年 2 月

言語接触研究の最前線

目　次

江沙維《漢字文法》的
語言特點及其他

內 田 慶 市

前言

　　江沙維（公神甫，Goncalves, Joachim Alphonse，葡萄牙人，遣使會＝拉（辣）匝祿會＝味增爵會）所編纂的《漢字文法》（1829），是 19 世紀西洋人所著眾多漢語研究書籍中非常重要的一本漢語專著（例如，他極有可能是第一位使用"文法"一詞來翻譯"grammar"的學者）。但是，專門用於討論該書具體內容的文章，目前為止卻並不多見。

　　本文主要討論的是《漢字文法》中的語言特點。值得注意的是，當時江沙維所學習漢語時，並沒有學習在傳教士之間非常流行的南方話，如廣東話等，而是選擇北京話做為自己的學習對象。另外，本文還要談到跟《漢字文法》有關的一些資料。

1　江沙維其人

有關江沙維的生平有下面的記述。

Joachim Alphonse Goncalves（1780-1844）

Lazarist missionary and Sinologue.

He was born in Portugal in 1780, and reached Macao on June 28,

1814. Here he spent the rest of his life teaching in the College of St. Joseph, and studying daily both Mandarin and Cantonese. His works have had only a limited use, through being written either in Portuguese or in Latin. According to Callery, they were 'rich in materials but entirely destitute of theoretic explanations.' His Latin works are of small value; the other place him among the most eminent sinologues. He died on October 3, 1844. (Couling, Encyclopedia Sinica, 1917, 208p)

Goncalves, Joachim Alphonse（1781-1841）
葡萄牙遣使會教士。1813 年來到澳門傳教，並在該地聖約瑟書院任教。（《近代來華外國人名詞典》1984, 172-173p）

〈澳門大事記〉（《澳門百科全書檢索系統》= http://www.macaudata.com/macauweb/Encyclopedia/）中也有這樣的記錄：

1813（清嘉慶 18 年）6 月 28 日，遣使會岡薩維斯（Joaquim Afonso Goncalves）抵澳門。他漢學造詣頗深，編著了 10 余本語法、詞彙、字典。還用清朝官話翻譯了《新約聖經》，在 1841 年 10 月 3 日出版。

60. JOAQUIM-ALFONSO GONÇALVES
公 KONG Prêtre.
Né à Tojal, petit bourg de la province de Tras-os-Montes (Portugal), le 23 mars 1781 ; reçu au séminaire de Rilhafoles (Lisbonne) le 17 mai 1799 ; il y fit les vœux le 18 mai 1801. Arrivé à Macao 澳門 le 28 juin 1813. Destiné à Pekin 北京, il tenta vainement d'y parvenir. Toute sa vie de missionnaire se passa comme professeur au séminaire Saint-Joseph à Macao. Il

s'adonna particulièrement à la sinologie, dans laquelle il devint très compétent. Décédé à Macao le 3 octobre 1841. Depuis octobre 1872, sa sépulture se trouve dans l'église Saint-Joseph. (LES LAZARISTES EN CHINE 1697-1935, J. VAN DEN BRANDT, 1936）

2　他的著作

他的著作有下面的：

Grammatical Latina（辣丁字文）（1828）

Arte China（漢字文法）（1829）

Dicctinario Portuguez-China（洋漢合字彙）（1831）

Dicctionario China-Portuguez（漢洋合字彙）（1833）

Vocabularium Latino-Sinicum（辣丁中國話本）（1836）

Lexicon manuale Latino-Sinicum（辣丁中華合字典）（1839）

Lexicon magnum Latino-Sinicum（1841）＝未見

3　《漢字文法》

《漢字文法》的封面是這樣的：

《漢字文法 Arte China constante de alphabeto grammatica》 Macao 1829

正文一共有 502 頁（全文葡漢對照）。本書的目錄是如下的：

Prologo（序）

Capitulo I Alphabeto China（漢字筆畫表，漢字和葡式標音）

葡式標音　Ex. sha=xa, shen=xen, shang=xam, vga=ca, gao=cau, gua=coa

（參照 Wieger《漢語漢字入門》1895, 1499-1510p）

Capitulo II Frases vulgares e sublimes（散語，筆畫排列，口語、俗話或文言）

Capitulo III Grammar（文法）＝短句集

Capitulo IV Syntaxe（文法）＝按照詞類列舉例句、口語或文言

　　Ex. Nominativo antes do Verbo（主格＋動詞）

　　他是他的親戚。吾系其之親。

　　他不在家。其未在家中。

　　O adjectivo antes do substan（實詞之前的形容詞）

　　惡人不得平安。惡者難獲康寧。

　　凡有病的人吃的少。凡人有病所食甚少矣。

Capitulo V Dialogos（問答）全四十六篇

Capitulo VI Proverbios（俗語）＝成語，慣用語

Capitulo VII Historia, e fibula（歷史，寓言）

Capitulo VII Composicoes Chinas（作文，古文）

Appendice

Indice

3-1 江沙維的漢語＝以北京官話為標準＝在當時非常有特色

　　19 世紀早期的來華傳教士，如馬禮遜、衛三畏等人所著書籍主要以廣東話為主。在當時，只有江沙維和羅伯聘是此中例外。之所以後來高高宣言了「北京官話的勝利」（高田時雄 2001）的威妥瑪這樣說過；

The best is perhaps Goncalves's Arte Chuia, but it is written in Portugues, a tongue few Englishmen under age have cared to cultivate. If the writer's health and strength be spared him it is his purpose one day to produce a Student's Manual somewhat in the style of the Arte.（Hsin Ching Ln, 1859）

The only Sinologue of standing who spoke the Peking mandarin was Mr. Robert Thom.（《語言自邇集》序）

3-2 「你納」

筆者通過調查，認為第二人稱代詞尊稱「您」的起源共有兩種：一是「儜」（「你能」「你儜」）系統；一是「你納」系統。其中「儜」在「正音」課本（如《正音撮要》《正音咀華》等）中經常出現。而「你納」則經常出現在《庸言知旨》《清文指要》之類的滿漢合璧課本和《語言自邇集》之中。因此，筆者推測「你納」應是旗人語或北京話中的一種獨特表達形式。（内田 2001）

在目前筆者的所知範圍内，「你納」最早出現在江沙維的著作中，例如：

你納多大歲數（辣丁字文 210）

平地起風波我沒有看見你納來理會（漢字文法 100p）

你納來的巧（103p）

你納貴處（121p）

還要煩你納給我細細的講個地方的生意（121p）

托賴你納的情分我想看一看（121p）

他是你納的好朋友（216p）

你納幾歲（223p）

你納乏了麼（225p）

我狠想你納（237p）

你納容易使快子（246p）

請你納上去給老爺磕頭（252p）

你納貴國、你納是漢人是旗人（254p）

上述例句同時也是江沙維傾向於北京話的其中一個表現。

另外，太田（1964）中對於「你納」有如下描述：
北方話用「你納」「您」，南京官話也可以說「您」，但是不說「你納」。
北方話說「你老」，但是北京話不說「你老」。

有趣的是，《漢字文法》在用「你納」的同時，也用「你老」一詞。換句話說，兩者是並用的狀態，舉例如下。

中人說就是你老人家肯了，就是你老的盛情了。（39 章，以下省略「章」）你老這樣好心很少有。（39）

因此，筆者認為「你老」和「你納」還是應當有些關係的。

3-3 《漢字文法》的語言特點＝北京話或北方話

太田辰夫（《中國語學新辭典》1969, 187p）提出過北京話的七個語法特點：

1. 第一人稱代詞有「咱們」（inclusive）和「我們」（exclusive）的區別
2. 用「呢」，不用「哩」
3. 用禁止副詞「別」
4. 用程度副詞「很」作為狀語
5. 用「來著」
6. 用介詞「給」
7. 「多了」放在形容詞後面表示「得多」（「好多了」＝「好得多」）

《漢字文法》中除了 3 和 7 以外，其餘部分都滿足上述特點。具體如下：

「咱們」

　咱們要上那裡去。（10）

　咱們歇一歇罷。（10）

　咱們都一塊兒走罷。（14）

「呢」

　見過他幾次呢。（8）

　幾本呢。（24）

「狠」

　你狠知禮。（1）

　我狠歡喜你（1）

　我心裡狠過不去你納。（1）

「來著」（「來」）

　後來在隔壁兒街房家裡耍錢來著。（20）

　那一日事情狠忙。不得空兒來。（16）

「給」

　給我作這個。（1）

　我給你切果子。（21）

　給老爺磕頭。（25）

　給我看。（26）

「別」→「不要」

　不要這麼些個樣子。（1）

　不要這麼快走。（4）

　不要動手。（4）

「多了」

　＊我喝多了酒就愛說話。（22）

　　就「別」來說，《漢字文法》里全部使用「不要」，但是筆者認為「別」和「不要」不一定是地域問題，而是新舊的問題。例如，一般認為以北京話或北方話為基礎的《官話指南》《正音撮要》等書籍中，也使用了「不要」。

　　除了太田指出的這七點特徵以外，區別北京話（或北方話）和南京官話（或南方話）的鑒定語還有「名詞＋兒」、「誰」（問職業等＝「哪個」）、「你納」（如前文所述）、「您」（暫時還未出現）、「這麼」「那麼」「這麼著」「那麼著」（＝「這樣」「那樣」）、「這些個」、「什麼的」、「多麼」、「多咱」、「似的（是的）」等等。

　　江沙維的著作中包含了上述北京話特徵中的絕大多數，如：

「兒化」

　法兒（3）

　一點兒（4）

　等一會兒。（4）

　我們一塊兒走罷。（4）

　空兒（28）

　信兒（29）

「些個」

　好些個（2）　cf. 好些＝南京官話（太田）

　留下這麼些個禮貌。（1）

　不要這麼些個樣子。（1）

　他也走過好些個地方。（28）

「這麼」

　不要這麼快走。（4）

「誰」

他們裡頭誰好。（2）

他們裡頭那一個好。（2）

「多咱」

你多咱聽見這個。（5）

連鏡子也有，多咱要照面能勾。（27）

多咱不打獵又不打魚作什麼。（32）

另外，「使得」在滿漢合璧之類的課本里也很常見，可以作為北京話的鑒定語之一。除此之外，「沒的」之類也是北京話詞彙，只是這本用＂沒有的＂。

「使得」

我不服，使得。（2）

你給我作一件袍子。使得。作什麼的。（34）

如今喝葡萄酒紅的白的都使得。（37）

「沒的」

一日沒有的吃，沒有的穿。（42）

按照《漢語大詞典》，「汗他兒」＝「汗塌兒」也是方言（北京話），意思是貼身穿的中式小褂，就是汗衫。《漢字文法》中也有這樣的例子。

叫人給我一件洗的汗塌兒／汗衫。（19）

在正反疑問里〈V＋O＋不V〉的格式也一般可以看做是北方話，例如：

請問能勾知道這個不能勾。（5）

綜上所述，我們基本可以認定《漢字文法》是用北京話或北方話為基礎編寫而成的。

另外還有一些比較舊的說法，如下所示。

（a）沒有介詞「跟」，只有「同」
你叫我同誰說話。（24）
夥計同我來我要賃一間房子。（27）
不可同人爭鬥。（41）
我立刻同他拼命打起架來了。（41）

「跟」是動詞。
我情願跟你。（＝動詞）（27）
他跟主子去買東西。（45）（還沒有完全虛化）

（b）「問」＝「跟」「同」的意思（太田說這個「問」不是北京話）
每人家問他要加一利錢。（45）
人問我借一升米不給他。（手稿本46）＝人望我借一升米不給他。（41）
人問他要。（手稿本50）＝人望他要。（46）
問／同買辦要。（18）

（c）假設連詞「若」「若使」
我說若你要算給我，我橫豎不叫你吃虧。（39）
若生意好，可以賺個對本。（40）
若他們在我跟前先沒有什麼意思，不管他們。（38）
若使街上沒有那些草房子，這一次的火才不這樣利害。（37）
若使不收管走在人家地裡，打死無論。（39）

（d）「如……一樣」

這樣行如作賊打劫的一樣。（38）

自然一個人發忿怒如猛獸一樣。（41）

（e）「舊年＝去年」「下年＝明年」

因為舊年是荒年。（10）

舊年十一月動身。（25）

我要這一件衣服為下年／過年。（34）

（f）比較的「於」

這個於那個沒有分別。（第三章）

中國於西洋風俗不同。中國風俗於西洋的不同。（第三章）

（g）其他

「便益」＝便宜

太過貴，還是便益的告訴你說罷。（27）

〈表示時間〉

幾下鐘。差不多一下鐘。打了三刻。打三下一刻。剛剛兒兩下鐘。（12）

我七下二刻起來了。（15）

快子（22）＝筷子

有三層。（27）＝說明房子平面的結構。cf.清文指要

如今短肉湯。（22）＝少

面頭，奶子，奶油，奶餅（21）西洋的食物

4　關於《問答》章

《漢字文法》的第五章《問答》章是該書中最重要的部分。我們現已初

步了解了它的語言特徵。但是，除此之外，我們還應當注意該章節內容對後來的漢語學習或漢語研究領域有什麼樣的影響，特別是該章節與《語言自週集》之間究竟有什麼樣的關係。

4-1 新發現的手稿本

2005 年，關西大學中文系教授井上泰山先生發現了《漢字文法》的手稿本。該本現收藏與葡萄牙國家圖書館（Bibliotheca Nacional de Portugal，舊名：里斯本國家圖書館 = Bibliotheca Nacional de Lisboa）之中。

其內容如下：

刊本的第三章和第四章的一部分。

刊本第五章《問答》全五十一節。

刊本的第六章的《俗語》的一部分

與刊本相較，除文字（文章）的異同外，（1）刊本里有同義詞或可以替換的詞之間的豎線，而手稿本沒有；（2）手稿本里《答客問》之中從一到三十一的中途有標音，等等。

手稿本和刊本中《問答》章節名異同如下：

Dialogos＝全 51 章（[　] 內是刊本的章節名）

答客問之一求[1 求謝]，答客問之二謝恩[1 求謝]，三說是[2 說是]，四商量[3 商量]，五來往舉動等事[4 走]，六 說話行為[5 說話]，七 聽見[6 聽見]，八 懂得[7 懂得]，九 認得 記得[8 認得 記得]，十 年幾 性命 死候[9 年紀]，

十一 （天氣狠好）[10 曠]，十二 天氣[11 天氣]，十三 時候[12 時辰]，十四 四時[13 四時]，十五 （你這樣快往那裡去)[14 上學]，十六 在學房[15 在薛房]，十七 問好[16 問好]，十八 睡覺

[17 睡覺]，十九 起來[18 起來]，二十 穿衣裳[19 穿衣裳]，二十
一 早上拜望朋友[20 早上拜望]，二十二 吃點心[21 吃點心]，二
十三 吃飯[22 吃早飯]，二十四 喝茶[23 喝茶]，二十五 說中國話
[24 說中國話]，二十六 西洋人拜中國人[25 西洋人拜望中國人]，
二十七 買書[26 買書]，二十八 賃(zu)房子[27 賃房子]，二十九
打聽一個人[28 打聽一個人]，三十 新聞[29 新聞]，三十一 寫書
子[寫書子]，三十二 換東西[31 換東西]，三十三 打獵、打魚
[32 打獵、打魚]，三十四 上船[無]，三十五 下店[無]，三十六
行路[33 行路]，三十七 裁縫[34 裁縫]，三十八 鞋匠[35 鞋匠]，
三十九 病人[36 病人]，四十 看兩個婦人辯嘴[無]，四十一 同知
軍民府來會番差[37 同知軍民府來會番差]，四十二 管工程[38 管
工程]，四十三 農夫[39 農夫]，四十四 作買買[40 作買買]，四十
五 打架[41 打架]，四十六 當家[42 當家]，四十七 道理[無]，
四十八 光棍[43 光棍]，四十九 教[44 教]，五十 買辦[45 買
辦]，五十一 堂官承差[46 堂官、承差、走堂]

目前我們尚不清楚手稿本的成書時間，但是在文中有一個很有趣的小
小線索。手稿本〈問答二十六　西洋人拜中國人（刊本二十五章）〉的章節
中有如下對話：

請問老爺貴庚。
今年三十二歲。
老爺離貴／本國有幾年。
有四年。
老爺那一年起了身。
我是嘉慶十年起的身。
老爺是過海路來的，是旱路來的。
是飄洋來的到貴國。

13

有幾年到了中國。

我到了有二年。

同老爺有幾位來的。

有五個人。

五位都到中國來了麼。

除了一個在路上死了，別的都到了。（172p）

上文中"我是嘉慶十年起的身"的地方，刊本寫作"我是嘉慶十六年起的身"。

從上面的對話內容中，我們可以推測編者從本國出發的時間應為1805年（嘉慶十年），並花了兩年時間來到中國，之後在中國住了兩年。而這個時候的編者正值三十二歲。如此看來，編者於本國出發時應是二十八歲，來華時三十歲。但是如按刊本所示，江沙維出發時應是嘉慶十六（1811）年，到達中國的是兩年後的1813年。而根據前面目录中的記載，他是1813年到達中國的。至於為什麼有這樣十年的差異，筆者目前認為手稿本也許並不是江沙維所編。

另外值得注意的是，該章節中還有如下對話（括號內為刊本）：

老爺好。

好，你納也好。

好，托賴老爺的恩。（＋失迎。豈敢。）

請上坐。（請上去）

豈敢。請你納上去。

給老爺磕頭。

不敢當。

應當。該當。（－該當）

回你納的禮。

萬萬當不起。

請你納上坐。

不敢。老爺該上坐。

豈有此理。請上坐。

奉命。聽老爺的命。

這些對話與下面的對話基本上是一致的。

生：請老師上。

師：豈敢。請相公上。

生：磕老爺的頭。

師：豈敢。請起。

生：該當。應當。

師：回相公的禮。

生：門生當不起。

師：請教友上坐。

生：不敢。老師該上坐。

師：豈有此理。請上坐。

生：奉命。聽老爺的命。

上文中的師生對話是法國國家圖書館收藏的一本教理書（Chinois7046）中的其中一個章節裡的內容。該書內容中除包含「聖教要緊的道禮」「一誡一誡告解的道禮」=「十誡」「告解後神父講的道禮」「領聖體的道禮」「天主的行述」「奉教的事情」「新來神父拜客問答」外，另外還有康熙四十六、四十七年的奉旨，來華傳教士的名單（白晉，馬若瑟，沙守信，傅聖澤，康和子，馬國賢等），北京刊行的天主聖教書板目，曆法格物窮理書板目，福建福州府欽一堂刊書板目，浙江杭州府天主堂刊書板目錄。上述師生對話出自「新來神父拜客問答」之中。

下一段對話內容也基本一致。

（新來神父拜客問答）	（刊本《漢字文法》）
久仰。	久仰。
久慕老師。己時到這裡。	久慕。老爺幾時到了。
前日纔到。	前日到了。
一路青及平安。	一路平安。
托賴天主。多謝天主。	托賴你納的福。
老師己時在廣東起身。	老爺在廣東幾時起身。
弟舊年十一月動身。	舊年十一月動身。
怎麼樣來得遲。	為什麼來的這麼遲。
路上耽閣。	路上遲緩了。
老師。贛州府住了己天。	
某先生。留我八天。	
老師。走汀州府的路麼。	老爺走汀州的路麼。
沒有走那一條路。	沒有走那一條路。
請問走甚麼路。	走什麼路呢。
弟。贛州到南昌。走建昌到這裡來。	廣州府到贛州。贛州走南昌到這裡來。
這個路更遠。	這一條路更遠
雖遠更便些。	雖然遠到底便易一點兒。
為甚麼更便些。	為什麼便易。
汀州來要七天旱路。建昌只有一天山路。	汀州來，要走七日旱路。南昌只有一天山路。
老師說得有禮。老爺己時在南昌開舡來。	
	老爺是那一月裡在南昌開的船。
先月初八開了舡。	上月初八開的。
一路辛苦。	一路辛苦。

去的冷多。為天主該當受苦。　不辛苦。

難為老師。為中國人的靈魂。

請問老爺尊羹。	請問老爺貴庚。
今年四十二歲。	今年三十二歲。
老爺貴國。	
我是某國。	
老爺離貴國有多少年。	老爺離歸國有幾年。
有了四年多。	有四年。
	老爺那一年起了身。
	我是嘉慶十六年起的身。
老爺是過海來。或是旱路來。	老爺是過海路來的。
弟是漂洋來的。也有旱路走的。	是漂洋來的到貴國。
同老師來有己位神父。	同老爺有幾位來的。
同會的有四人。	有五個人。
四位都到中國來。	五位都到了中國來了麼。
只有一位同我來。別的在小西洋。	除了一個在路上死了的。別的都
到了。	

　《新來神父拜客問答》是何時寫成的，目前為止尚不清楚。最近，有關《拜客問答》的研究有很大的進展。目前為止《拜客問答》被看做是先由利瑪竇和羅明堅編成的，專為傳教士使用的漢語課本之一。而這本《新來神父拜客問答》也一定與《拜客問答》有很大關聯。從書中記載或其他章節的內容來看，《新來神父拜客問答》的成書年代肯定比《漢字文法》早。所以，江沙維在編寫《漢字文法》時很有可能參考過《新來神父拜客問答》。

　另外，手稿本（25章）和刊本（24章）中有關「漢語」的說法的區別也很有意思。

「手稿本」

你學中國話麼。（China）

學是學，但不前進。

你學中國話好。（China）

因為如今風俗眾人說這一國的話。

普天下的人要說漢話，體面的人都說官話。（China, Mandarina）

各處各地方有人說官話。（Mandarina）

到底中國話難學。（China）

「刊本」

你學中國話麼（China）

學是學，但不前進。

你學中國話好。（China）

因為如今是風俗眾人說這一國的話。

普天下的人都要說漢話。體面人都說官話。（China, Mandarina）

到底中國話難學。（China）

「手稿本」

這樣不如西洋字滿洲字三四天的工夫就認完了。（Tartara）

就是念西洋書容易念一點耳。

這樣說西洋書比中國書好一點。這個保不定。

請問滿洲韃子兩樣的話那樣費事。（Mandarina, Tartara）

不敢說一定到底我估量韃子費事。（Tartara）

「刊本」

這樣不如西洋字滿洲字三四天的工夫就認完了。

就是念西洋書容易念一點兒。

這樣說西洋書比中國書好一點。這個保不定。

18

請問<u>中國韃子</u>兩樣的話那樣費事 （China,Tartara）

不敢說一定到底我估量<u>官話</u>費事。（Mandarina）

這裡可見，手稿本以「滿洲」來表達「Mandarin＝官話」，而跟「韃子」是分開來的。另外「韃子」也有相當的位置。

手稿本中附有標音，這對於瞭解當時的語音非常有用。比方說，「給」的標音還是「chi」；句末的「了」標作「leau」；而持續的「著」和可能補語的「著」都念「chau」，如，還睡著麼。(18)，昨日晚上睡不著。(18))，等等。

表示「兒」化的字（標音是「olr」）有兩種，一個是「兒」，另外一個則用「耳」，舉例如下。

桃耳 （12） olr

一會耳 （28）

幾樣耳 （28）

不得空耳 （29）

有什麼信耳。（30）

有人說四川那一塊耳有外國兵進來打仗。（30）

兔耳，雀耳，鳥耳 （33）

一點耳 （38）

目前為止，我們還沒有對手稿本和刊本作更加詳細的比對，但僅通過粗略翻看，我們依然能發現下面的區別。關於這方面，筆者在今後會繼續作更加深入的調查研究。

「問」–「望」

人<u>問</u>我借一升米不給他。（46）→ 人<u>望</u>我借一升米不給他。

人問他要。(50) → 人望他要。

「AB」-「BA」

意思(2) → 思意

喜歡(1) → 歡喜

他眼斜看人(43) → 他斜眼看人

我不過說他是光棍泥腿暴兕非類(46) → 我不過說他是光棍泥腿兕暴非類。

「拿」-「把」

再者你的親戚拿你也不當人。(20) → 再者你的親戚把你也不當人

他說西洋話人拿他當西洋人。(28) → 他說西洋話人把他當西洋人

「其他」

小矮聲說。(6) → 小聲／低聲說。

生意(3) → 主意

亦有時候用字典(24) → 也有時候用字典

你命我作什麼(1) → 你叫我作什麼

樹都結了果子(10) → 樹多結了果子

茶舖裡喝茶搬弄是非(43) → 茶館裡喝茶搬弄是非

還沒打三下一刻(12) → 還沒打三下二刻

總不覺得這樣熱(13) → 總沒覺得這樣熱

4-2 《語言問答》和《語言自邇集》

在前文中，我們曾指出《漢字文法》第五章的「問答」章後來收錄於《語言問答》之中。

《語言問答》（羅馬國立中央圖書館、比利時魯文大學圖書館等處均有收藏）是由《語言問答》（52頁）和「續散語十八章」（35頁）兩個部分構成的（最近，復旦大學的研究生宋桔同學在復旦大學圖書館發現了沒有後半部分的版本）。其中後半部分的「續散語十八章」打了格線。發行日

期、編者不詳。

重要的是，《語言問答》的前半部分選用了江沙維的《漢字文法》的第五章「問答」章的內容。其不同之處僅僅在於刪除了一部分內容（如 15 章），增訂了一部分內容，出現兩個以上的同義詞時取其中之一等等。其中，筆者最感興趣的是為什麼「問答」章和「續散語十八章」是一同出版的，究竟是誰編寫的《語言問答》。筆者通過初步研究，認為該書在成書過程中一定有威妥瑪和應龍田的參與。關於這方面的內容，今後仍需要進一步考證。

5 小結

從前文中我們可以知道，當時大部分西洋傳教士所學的漢語都是南方話，如馬禮遜、衛三畏等等都是以廣東話為主的。而江沙維所學的漢語主要是以北京話或北方話為主，這在當時是非常有特色的。西洋人正式認定北京話為漢語標準語是從威妥瑪開始的。然而事實上，其實比威妥瑪更早的 50 年前，江沙維已經站在這樣的立場之上。這是威妥瑪之所以贊揚江沙維《漢字文法》的原因之一。江沙維來華的目的本來是想在欽天監工作，所以他來到澳門以後，便立刻開始學習北京官話。然而他最終沒能達到這個目的，一直留在了澳門。去北京的事情，對於葡萄牙，也是能回復它的國威的一個好機會。結果拉匝祿會成為當時唯一的傳道勢力了。

付記

本文本來是以「19 世紀傳教士江沙維的對漢語的看法 —— 葡萄牙遣使會的語言政策之一」（『東亞文化交涉研究』第 4 號，2011）為題目發表過的。後來 2017 年 11 月在第 5 屆澳門學狗暨研討會上（暨南大學）發表過。這次按照當時的各種寶貴意見修改了。

基本词汇与基本词汇化：
词汇体系的近代重构

沈　　国　　威

　　在西学东渐的过程中，为了接受西方的新知识，东方的语言发生了巨大的变化。其中词汇方面的变化最为显著：大量新词的增加与旧词的退隐。德国语言学家 Uriel Weinreich 指出"词语的增加，不能过于简单地仅仅看做是词语的借用，或者词汇项目的追加。如 Hans K. Vogt 所言，向一个系统里加进，或者删除一些要素，都伴随着这一系统中的所有已有的互相区别的对立项的重构。如果认为一个新成分对接受系统的整体不产生任何影响，就是不承认系统本身的存在。"[1]词语任何微小的增减都足以引起词汇体系的变动，而在近代，这种变动是根本性的，故又称作"词汇体系的近代重构"。词汇是词的集合，作为一个拥有数万乃至数十万要素的集合体，其成员无论是意义上还是功能上都不可能是均质的。任何集合体都存在着某种基本的，或核心的成员。词汇体系中有变的部分，也有不变的部分；变是绝对的，不变是相对的。问题是：核心成员是否也必将经历某种变化？本文聚焦"基本词汇"与"基本词汇化"，讨论在近代词汇体系重构过程中基本词汇的形成及东亚汉字文化圈域内的语言接触与互动问题。

一　基本词汇与二字词

　　词汇研究通常将词语分为古典词、现代词；或者常用词、次常用词、一般词等，以使研究对象更加明确。上个世纪50年代受旧苏联语言学界的影响，"基本词汇"的概念被引入汉语的词汇研究中，并最终成为一个极具

23

影响的关注点[2]。将词汇体系中一部分要素视作中心成员，名之曰"基本词汇"这种主张本身反映了某种朴素的直觉，也与现在的认知语言学的研究成果相吻合。但过多的政治因素参与其中，研究者遂放弃了分析具体语言的努力。令人尴尬的现实是从基本词汇学说导入中国，至今过去了半个多世纪，纵观汉语词汇学的相关论著，除了囿于旧说，照搬旧苏联的某些主张外，几乎找不到关于"基本词"的实质性讨论。例如，成为基本词的条件是什么，有哪些客观的筛选标准，基本词有多少、是哪些？由基本词到基本词汇体系的结构如何？管见所及，并没有谁来回答这些问题[3]。对俄语，或西方语言有效的观点，南橘北枳，对汉语不一定有效；削足适履，不是科学的态度。下面我们通过分析《现代汉语》(高等教育出版社，2011年版)，讨论这一问题的实质。

《现代汉语》是这样定义"基本词汇"的：

> 词汇中最主要的部分是基本词汇，它和语法一起构成语言的基础。基本词汇是基本词的总和，它包含的词比一般词汇中的词少，但它反映了自然界和人类社会生活中的一些最基本的概念。所以它很重要，为全民所共同理解。它使用频率高，生命力强，是构成新词的基础[4]。

《现代汉语》全书中并任何没有关于"基本词"的记述，只是强调了基本词汇的三个特点，即"稳固性""能产性"和"全民常用性"。关于稳固性，编者说明如下：

> 基本词汇在千百年中为不同的社会服务，并且服务得很好，例如"一、二、牛、马、家、门、山、水、上、下、左、右、斗、高、多"，等等，基本词汇远在三千多年前的甲骨文里就存在了，今后也还会继续使用下去。基本词汇之所以具有这么强的稳固性，是由于它所标志的事物和概念都是极为稳定的。
>
> 说基本词汇有稳固性，并不是说基本词汇是一成不变的，有的古

代基本词不再成为现代汉语的基本词，它们已为新词所取代。有些古代的单音节基本词发展到现在复音化了，这是汉语词汇发展的一条内部规律。

词语与时俱进，为时代所用。时代的巨变使词语峻别于前朝，史上不绝其例。19、20世纪之交就是这样一个大变革的时代。如果科学是区别近代与前近代的基本特征的话，那么可以大概率地断言，今天的我们无法就科学——人文科学或自然科学——的内容和19世纪20世纪之交的人对话，即使是那些当时的社会精英。因为他们没有在今天被称之为"常识"的知识，也没有理解和表达现代社会常识的词语。如梁启超百年前所说："国于今日非使其民具有世界之常识，诚不足以图存。而今世界之学术，什九非前代所有，其表示思想之术语则此思想亦为前代人所未尝梦见者，比比然也。而相当之语从何而来？"[5) 仅此一点，就说明词语并没有什么稳固性，支撑我们今天语言生活主要部分的也绝不是三千年延续至今的词语。现代汉语的词语不论在形式上，还是内容上与一百年前相比都已大不相同，遑论三千年。所谓的"形式"之一就是单字复辞之别。当然《现代汉语》的编者也一笔带过地提及了单音节基本词的复音化问题，但是没有任何后续说明[6)。

关于能产性，《现代汉语》说"用基本词作为语素创造出来的新词，最易于让人们理解和接受，最便于流传，所以，那些千百年来流传下来的基本词，便成了构成新词的基础。它们一般有很强的构词能力。"这里所说"基本词"应该专指一字词，因为二字词本身并不存在构词能力的问题[7)。以一字词而论，现代汉语里一字词的数量在1200-1500之间，其中动词占一半以上。首先这些动词并不都是常用词，再者一字动词几乎没有构词能力[8)。所谓"字"，有的是造句成分，即词；有的是构词成分，即不自由语素。造词力强的是那些动词性不自由语素。编者也承认"就现代汉语来讲，不能把这三个特点，特别是不能把有无能产性当作辨识基本词和非基本词的唯一条件。现代汉语词汇的双音化趋势，使得许多双音节的合成词进入

了基本词汇，而双音合成词的构词能力远不如单音节词（包括由根词转化成的单音节词根）。如果单纯强调构词能力，就会把许多双音节的基本词排除在基本词汇之外。"既然是可有可无的弱势条件，作为三个特点之一加以强调的必然性何在？笔者认为基本词的造词能力问题是俄语等有形态变化的西方语言的根词和 word family 上的特点，对汉语并无实际意义。

而全民常用性则忽视了语言使用者在教育上可能存在的差距，将生活层面的语言使用和现代社会创造性活动中所使用的语言混为一谈[9]。前者可以自然习得，是生命延续的基本保证；后者必须经过有意识的学习，缺乏这部分词汇，将无法在现代社会进行生产活动。

《现代汉语》也承认"上述三个特点是就基本词汇的整体来说的，不是说所有的基本词都具备这三个特点。"那么"基本词汇"是否可以成为词汇研究中有用的术语，其词汇学上的基本性质如何？如下所述，笔者认为所谓的基本词应该是认知范畴的中心成员，即认知语言学理论上的原型（prototype）。《现代汉语》的作者指出"有些古代的单音节基本词发展到现在复音化了，这是汉语词汇发展的一条内部规律（中略），还产生了一些新的基本词：冲击、腾飞、打造、品牌"。(247 页) 不经意中涉及到了两个实质性的设问：一是词语与时俱进的特点，反映在汉语中就是单字向复辞的进化应该如何把握？二是概念范畴中的某些成员是如何在经历原型化的过程之后，占据了概念范畴中心位置的？这两点正是本文需要加以探讨的。

二　日本的基本词汇化研究

我们在考虑现代日语"和汉混淆文体"成立这一问题时，对于日语中汉字词的发生成长史是无法忽视的。仅就词汇学的问题而论，大量的汉字词发生和在日语词汇体系中地位的变化是近代特有的事件。本节的讨论将从汉语、日语近代词汇体系的形成、以及词汇体系本身的应有形态这一视角出发，对基本词汇这一问题加以考察。

在日语教学及研究中，"基本词汇"和"基础词汇"所指对象大致相同，但并不是完全等义的术语，惟在此暂且忽略两者的区别，统称为"基本词汇"。基本词汇的主要目的之一是为日语学习者选定一组高效率，即用最小的词汇量，实现最大的表达效果的词语。桦岛忠夫的研究就是从这一视角出发的。桦岛忠夫指出：

我对于词汇体系的想象如右图所示，是很多星体聚集在一起，就像星云一样。词汇就是星云，形成星云的是一个一个的词语。为什么星云可以恰到好处地用作词汇的想象图景？因为这与词汇体系的结构有关。位于星云中心部的是长期以来持续使用的基本的词语，例如《万叶集》（日本最古的诗歌

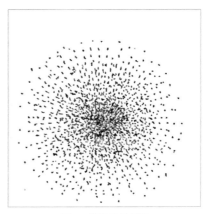

图 1　桦岛的星云图

集，759 年以后成，收录日本古诗 4500 余首，译者）中出现的"山、川、夜、煙、心、恋、人……"等现在仍然在继续使用的词就处于星云的中心部；而越靠近星云的周边，新词、生命短暂的词就越多；特别是位于边缘部分的是那些出现后又随即消失的朝露一样的词语。

位于词汇中心部的多是日本的古语、固有词语，越向边缘部，汉字词越多，同时还参杂一些来自欧美语言的外来词[10]。

桦岛忠夫认为日本的固有词汇，即"和语"处于词汇体系的中心。但是，桦岛所说的"位于词汇中心部的多是日本的古语、固有词语，越向边缘部，汉字词越多"，如果仅就幕府末期、明治初期（1850-1870）而言，也许反映了某种事实。明治维新以前，和汉两途，一般民众使用和语完成

日常生活中的交流，武士阶层和知识界使用汉文进行写作。但进入明治时代以后，情况立即发生了变化，两种文体逐渐接近融合，最后形成了和汉混淆文体。黄遵宪说"维新以来，礼仪典章颇彬彬矣。然各官省之职制章程，条教号令，虽颇足征引，而概用和文［即日本文以汉字及日本字联缀而成者也。日本每自称为和国］，不可胜译。"[11]所说的就是这种情况。包括田中牧郎等人的研究在内，大量的研究成果表明，从明治中期开始，汉字词虽然在总体数量（词种）上有所减少，但是其中一部分已经逐渐向日语词汇体系的中心部移动，在桦岛做出上述论断的1980年代，日语词汇体系中心部的主要区域已被汉字词占领了。桦岛忠夫试图通过使用频率来测试词在语言生活中的重要度，认为重要词语应该首先成为外国人学习的对象，这样才能事半功倍。而笔者认为，作为客观事实，在异义同位词之间即使使用频率上存在着差距，也不能据此来判断词语的重要与否。"饭店"和"饭庄"的重要性不一样，因为两者的使用频率不同。但是"饭店"和"厕所"，尽管在绝大多数语料中后者的使用频率远远低于前者，但不能据此就断言后者不重要。根据使用频率来认定词汇的基本度，这在今天的学界也是权威性的方法。但使用频率所测定的词语重要性，只在同义词群里才是有效的指标，关于这一点我们后面将要说明。在此需要注意的是，桦岛氏是在如何筛选日语学习基本词汇的语境中说的上述这番话，其目的是厘定外国人学习日语时较为基本的词语。桦岛认为位于词汇体系中心部的词语是基本词语，应该成为留学生学习日语时的首选词汇。那么，如桦岛所设想把位于中心部的词语收集在一起就可以完成基本词汇的选定吗？

最先在桦岛星云说的基础上，探讨日语基本词汇的近代形成问题的是时任日本国立国语研究所研究员田中牧郎。在参与《日语历史语料库》的建构过程中，田中发现某些被称之为「**新漢語**」（日本近代以后新产生的汉字词）的词使用频率增加了[12]，这种词频的增加被解释为一部分词语由词汇体系的边缘向中心移动，最终成为日语词汇体系中的基本成员。田中牧郎将这种现象称之为"基本词汇化"[13]。田中对基本词汇化现象做了如下的说明：

位于词汇体系中心的是变化较少、使用频率较高的"基本词"；而在词汇体系周边的是不断变化、使用频率较低的"周边词"。有一部分词从周边逐渐移动到中心，我把这种现象作为"基本词汇化"加以把握[14]。

由此可知，田中牧郎的"基本词汇化"现象就是利用《日语历史语料库》捕捉到的日本近代杂志上汉字词使用频率的变化。既然如此，考察结果必将受到语料库的规模、收录语料的性质等的影响（详后）。但即使考虑到这些因素，在明治时期一部分汉字词汇变成了日语的基本词汇这一事实也是不容置疑的。田中把发生基本词汇化的词语分为以下三类：[15]

A	栄養、協定、刑事、国有、手術、都市、飛行、皮膚、本能、率
B	明るい、一杯、同じ、金持ち、借りる、差し支える、更に、しっかり、直ぐ、すっかり、ずっと、大した、小さな、友達、人気、もっと、尤も……
C	圧迫、援助、解決、拡大、型、可能、期待、気分、具体、欠陥、堅実、見地、貢献、向上、興奮、合理、考慮、色彩、支持、実現、使命、信念、節約、増大、相当、促進、対抗、妥協、立場、短縮、地点、提供、徹底、特徴、努力、名前、肉体、発展、悲観、皮肉、表情、不安、復興、有利、誘惑……

对于基本词汇化发生的原因，田中做了如下的分析：

A 类是反映了社会近代化的词语，即，随着近代科学技术、社会制度的发展变化，出现了反映这种变化的新词。这不是语言本身的变化，而是社会变化引起的词语变动。表示新事物的词，以名词为主，而且汉字词居多；

B 类是口语性质较强的词语，与明治后期（1890～）发生的言文一致运动带来的文体变化有着极强的相关性，是语言本身的变化，但是应该作为文体变迁史的问题来讨论。B类词以口语词为主，日语固有词居多；

C 类以抽象词汇为主，且绝大部分是汉字词。导致这一类词语成为基本词汇的直接原因不能到社会、或者文体的变化中去寻找，更大的可能性是缘于词汇体系本身的变化，具体原因还有待于进一步探明[16]。

也就是说基本词汇化的动机,对于 A、B 两类词可以做出某种程度的解释,但是关于 C 类词,田中暂时还没有找出具有说服力的理由。田中认为基本词汇化就是「新漢語」融入既有词汇体系的过程,不过需要指出的是田中一系列研究的考察对象多限于「新漢語」中的动词和形容词,即所谓的「サ变动词語幹」和「漢語形容动词」。这些词与表达新概念的名词等不同,在句子中主要充当谓语成分,故田中又称之为「叙述語」。那么,基本词汇化现象的实质是什么?在进一步考察之前,我们先对以下事项加以确认。

(1) 时期:基本词汇化是明治后期至大正期发生的词汇现象,具体而言,是 19 世纪 90 年代至 20 世纪 20 年代这一时间段显现的词汇问题。田中谈到了现阶段《日语历史语料库》语料采集上的局限性[17],但笔者认为这并不影响我们的结论,因为基本词汇化现象是 19 世纪 90 年代以后逐渐凸现出来的。

(2) 词种:日语的词种即词语来源上的区别,有「和語、漢語、洋語」之别,AC 两类以「漢語」为主,且二字词占据绝大部分。笔者曾在前揭论文中分析过,具有区别性的词汇的大量增加必须依靠汉字词(二字,或以上)才能实现。

(3) 词类:有一部分名词,但以动词和形容词为主。可以说基本词汇化是「サ变动词語幹」和「漢語形容动词」大量进入现代日语(书面语与口语)的结果。

(4) 意义上的特征:田中认为上述的 C 类词具有抽象词汇的倾向。但是就日语中汉字词的整体特性而言,具有抽象性的是名词一类,动词、形容词与和语相比,如下表所示词义往往更加细化、具体。

表 1

食器	湯飲み、茶碗、皿、箸、スプーン
大きい	巨大、莫大、膨大、広大、雄大、偉大、甚大、絶大、重大
改める	改変、改革、改善、改良、改正、修正、変える、変更、訂正、刷新

以上 4 点都从不同的侧面反映了基本词汇化现象的特征。而这些现象背后的根本性原理即是笔者多次言及的近代词汇的"和汉相通的二字化原则"，即，

一、新的概念主要用汉字二字词表示，这就意味着新加入的成分，如译词必须以二字词形式为主；

二、日本的固有词汇「和語」，必须获得与之意义相同，或相近的汉字词形式；

"和汉相通"作为近代以降的日语词汇现象，其主要动机有以下 3 项：

一、环绕语言社会发生的各种变化，尤其是跨文化、跨语言的接触催生了一大批以前不存在，或不需要加以区别的事物、状态、事态，对此需要用新的词进行区别，或加以更精确的表达。例如"敏感、過敏""駐在、滞在""駐車、停車"等。明治后期大量产生的带"-的"的词，也属于这一现象。即，词汇体系需要增加大量的新词，以便于区别不同的事 / 物。而区别性正是汉字二字词的长项。

二、明治以前，汉文、和文两类文体的使用域在使用者和表达内容上有一定的分工，而明治以后两种文体汇合交融，逐渐形成了一种新的文体，即和汉混淆文体。在新文体形成的过程中，由于韵律节奏上的要求（如＊"访日本"、＊"访问英"等在日语中同样也是不能接受的表达）和为了文体一致性上的目的不得不使用汉字词，即使已经存在了等义的，或近义的「和語」词语，也需要另行准备汉字形式的词。这一时期的形容词如「簡単、優秀、正確」；动词如「考慮、思考、拡大」等都是为了满足"和汉相通"的要求，而被新造出来的（详见笔者近刊拙著。限于篇幅，汉语古典词的改造等亦从略）。

三、随着近代学校制度的建立，教育逐渐普及，不仅汉字，英语的知

识也为一般民众所掌握。为此，人们对千篇一律的老生常谈不再满足，追求表达上的多样性。这种诉求促进了同义词群的发生，如「優れる、優秀、拔群、卓越；大切、大事、重要」等。

"和汉相通的二字词"是日语词汇体系近代化所必须遵循的原则。「和語」是日本的固有词汇，是日本人语言思维的基础，而「漢語」可以提供与和语不同数量级的词形，无论是新事／物的命名，还是文章的修辞都是不可或缺的。

笔者认为，经历了基本词汇化的汉字词与日语固有词汇「和語」之间，从词义关系上看，有以下三个特点，即一、前者填补了后者意义上的空白；二、前者实现了后者无法实现的精密描写，增加了区别性；三、前者有助于建立同义关系，形成同义词群。

江户中期以后的兰学翻译，已经在词汇方面给日语带来了一定的影响。但是翻译的文体是汉文或者汉文式的，对日语本身的影响还是有限的。进入明治时期后，需要全面接受西方的近代知识，为此，在兰学翻译中取得了一定成果的自然科学的基础上，人文科学的翻译也得到了大力推进。反映到词汇体系上就是新词出现了前所未有的急剧增加，所增词语以学术用语为主。根据"和汉相通二字词"的原则，明治初期，包括科学术语在内的日本近代译词不可避免地要采用汉字二字词的形式。进入明治20年代（1887～）后，日本术语辞典的编辑出版告一段落，术语体系的建构基本完成。但是，仅有学术用语还不能完成科学叙事[18]，需要同为汉字词形式的谓词与之配合。也就是说，日语词汇体系的近代重构包括两个方面的内容，一是学术用语的获得，另一个是动词、形容词，即谓词的准备。正是汉字词形式术语的大量使用，给日本的文体带来了深刻的影响。

总之，基本词汇化是短时期内词汇体系急剧膨胀的结果，词语的大量增加促成了词汇体系的重构。笔者认为基本词汇化现象有两部分内容，一是特定的词语，即表达新事／物、新概念的名词成为语言社会不可或缺的必需品；二是近代以后形成并日益壮大的同义词词群经历典型化（proto-type），产生"代表词"的过程。关于典型化和基本词汇形成的机理，我们

将在下一节中从语言认知的理论上进行探讨。

三 概念范畴及原型理论

笔者认为如果要把词汇体系比拟为星云的话，这个星云应该是由恒星系构成的；所有的恒星都处于平等的地位，但星系的构成则不相同。不同的星系由不同数量、大小的行星和行星的卫星构成。如此，要了解一个星云的全貌，一方面需要了解星云包含了哪些恒星系，另一方面还需要探明特定星系的内部结构。

词汇是词的汇集，汇集的方式称之为体系性[19]。一种语言的词汇成何种体系，词与词之间关系的具体情形如何，是词汇学研究的主要内容之一。了解一种语言词汇体系的结构，对于第一语言和第二语言词汇的习得和学习都极有帮助。词汇体系是历时演变的结果，近代以后，词汇体系被重构，基本词汇是词汇体系重构的结果。关于其中的机理，笔者曾在《词汇的体系与词汇的习得》一文中详加讨论，在此仅作简单说明[20]。

一个语言音会在我们的脑海里再现一个影像，这是一个由相似的，或同类的事物的影像重叠而成、轮廓化了的影像。这样的重叠影像我们暂且称之为"概念范畴"（即"认知范畴"）。概念范畴无论在外部还是内部都没有清晰的边界，存在着一个连续的灰色区域。我们一方面需要把一个概念范畴同其他概念范畴区别开来（如"鱼"和"狗"不同），另一方面也有把聚集在某一概念范畴内的相似的，或同类的事物加以区分的需要（如"鲤"和"鲫"不同）。"词"就担负了这一重要任务。人们需要用"词"把概念切分开来，这就是"范畴化"。这样就有两个问题需要我们回答：一、范畴化是如何实现的；二、任意一种语言，"概念范畴"有没有一个大致的数量，内部结构如何。

3-1 概念范畴的类型

范畴化是语言对外部世界的切割，其结果是确立了概念范畴的边界。接下来的步骤是对概念范畴进行命名，也就是使概念范畴和特定的语音形式发生关联。概念范畴的命名方式有以下三种：

3-1-1 非命名型

"词"是对概念的命名，但并不是所有的概念都会被命名，只有该语言使用者认为重要的概念才能获得名称，其他的概念用短语，或说明性的词组表达。例如，双语辞典的原词和译词并不是在所有情况下都一一对应的。

关于概念范畴的命名，荀子说："（名之）何缘而以同异？曰：缘天官。凡同类、同情者，其天官之意物也同，故比方之疑似而通，是所以共其约名以相期也。"[21] 即，为什么会有不同的词？因为人用"天官"（五官＋心）感受自然，同类的，或具有相同情感的人，他们的天官对自然界的感受也相同，这是他们约定俗成、派生引申地使用语言进行交流的心理基础。但，这是否就意味着：异类的，或不具有相同情感的人，他们的天官对自然界的感受不同，所以语言也不同，无法沟通？[22] 显然不是。萨丕尔-沃尔夫的"语言相对论"认为语言决定了我们对自然界的认知方式，但是，我们宁愿说：不同语言用不同的方式切分概念，所以概念范畴也就不同。所谓的"不同"就是说范畴的大小（即范畴之间的分界、范畴内所包含的成员的多寡）和内部结构不一样。范畴化的结果不但东西方不同，古今也各异。这一点甚至不需要有外文翻译的经验，只要想想中学语文课上古文今译时的困难就能首肯。但古人与今人，乃至说不同语言的人可以进行交流、互相理解，这也是俨然存在的事实。这一切说明：范畴化在共时层面具有相对的稳定性，但同时，范畴化的结果又并非一成不变，是可以，而且必须不断地加以调整，并历时地积淀成新的范畴。这一过程笔者称之为"再范畴化"。古今中外的人可以互相理解，一方面是因为人类具有生物学、社会学上的共同基础，另一方面是对社会进步，以及跨文化交流和语言接触等引入的新

概念进行再范畴化的结果，而这在近代以降尤为显著。王力在谈及20世纪初急剧增加的汉语新词、译词时曾指出：

> 现代汉语新词的大量增加，使汉语大大地丰富了它的词汇，而且使词汇走向完善的境地。我们说丰富了，是因为产生了大量新词以后，任何复杂的和高深的思想都可以用汉语来表达；我们说完善了，是因为词汇国际化，每一个新词都有了国际上的共同定义，这样就能使它的意义永远明确严密，而且非常巩固[23]。

汉语中原来不存在的概念被导入进来，并获得了词的形式。这本身就是对汉语固有意义体系的改造。现在"国家、政治、经济、科学"等大量被称之为近代关键词的抽象词语，都具有王力所说的"国际词"的特征：有着世界范围上大致相同的外延与内涵，且感情色彩等周边义较稀薄。

3-1-2　一物一名型

在谈到概念范畴命名的大原则时，荀子说："同则同之，异则异之，（中略）知异实者之异名也，故使异实者莫不异名也，不可乱也，犹使异（同？）实者莫不同名也。"[24] 荀子的主张是：相同的事物就用相同的名称称呼，不同的事物就用不同的名称称呼，这样才能不发生混乱。这种命名方式本文称之为"一物一名"。可以说"一物一名"更适用于科学的分类，因为科学体系要求术语具有唯一性。"一物一名"，如荀子所论自古有之，但是，近代科学的发展——动植物分类学的诞生都是18世纪科学进步的成果——强化了这种意识，甚至认为这才符合科学精神。在近代科学语境下，"一物一名"受到了特殊的，甚至过分的强调（比如作为国家语言政策的科学术语统一工作），忽视了现实语言生活中的实际情况。

"一物一名"型规定：一个词在意义上是与其他词相区别的，即如荀子所说"同则同之，异则异之"。有人认为这是语言"经济性原则"的具现，他们认为语言不需要为同一事物准备不同的名称，所以词汇系统中没有真

正意义上的同义词，充其量只有近义词而已。但是，笔者认为"一物一名"并不是词汇体系的本质性特征。在共时层面，词汇体系里的每个成员，在词形、意义用法上都区别于其他，这一点没有疑义，但这种区别性是后天获得的，即历时演变的结果。在很多情况下我们并不是为了区别概念而造新词，而是同义词的出现引发了对概念的区别。

3-1-3 一物多名型

一物一名，是逻辑上的理想状态，并不是词汇系统的本质性特征。人是社会性的动物，语言交流是人类社会最基本的活动，使用者需要积极地考虑如何使语言对其他社会成员产生影响。人们更倾向于用不同的名称称呼相同的事物，即"一物多名"[25]。下面我们来观察一下某一概念范畴中"一物多名"的情况。

妻子：	爱人、老婆、媳妇、太太、夫人、内人、内子、孩子他妈、老伴、贱内、拙荆、糟糠
大：	巨大、伟大、宏大、庞大、硕大、偌大、宽大、广大、高大、魁梧、魁伟、硕大无朋
改：	1、改变、变更、更改、改换、换、变；2、改正、纠正、更正、拨乱反正、改邪归正、迷途知返、改过自新；3、修改、改进、改善、改良、改革、涂改、篡改、改造

如上所示，具有婚姻关系的双方，女性一方被称为"妻子"，但这不是唯一的名称，在WIFE这一概念范畴里（英语大写词表示相应的概念），汉语除了"妻子"以外，还有"爱人、老婆、媳妇、太太、夫人、内人、内子、孩子他妈、老伴、贱内、拙荆、糟糠……"等词。"妻子、老婆、媳妇、太太、夫人……"这种同位同义词群，笔者称之为"一物多名"。形容词"大"和动词"改"的情况大致和"妻子"相同。

任何一种语言里都有同义词，或者称之为近义词，但其实质是"一物多名"。为什么会发生"一物多名"的现象？词汇学的书上常常给出这样一些理由：

A）地域：知道、晓得；结帐、买单

B）古今：足、脚；走、跑；食、吃

C）雅俗：厕所、洗手间；剃头、理发

D）尊卑：赡养、抚养

E）褒贬：领导、统治；改变、篡改

F）避讳：死、去世

G）文白：会晤、见面；愤怒、生气

H）专业：开刀、手术；打针、注射

　　由上可知，"一物多名"是在不同的上下文条件，即语境（时间、空间、对象、目的、媒质等）下进行语言活动的需要。但是，以往的研究没有提到两个颇为重要的原因，一个是"无理可喻"，另一个是个别语言的特点，在本书就是汉语词汇自身的特点。"无理可喻"就是并没有什么特别的理由可讲。例如"改良"和"改善"两个词，词义、构词形式、构成成分都相同，我们无法解释为什么词汇系统既需要"改良"也需要"改善"。这种情况在现代汉语的动词和形容词里不在少数。

　　个别语言的特点也是造成"一物多名"的重要因素。不同的语言有不同的特点。日语的特点是相同的概念可以用不同来源的词——汉字词（汉）、日语固有词（和）、西方外来语（洋）——来表示，如"旅館、宿、ホテル"。名词"汉／和／洋"同义的情况居多，动词和形容词则如前一节所述，必须是"和汉相通"，即相同的概念既可以用日语的固有词汇："和語"表示，也可以用汉字词形式的"漢語"表示[26]。那么汉语词汇自身的特点是什么？笔者认为现代汉语词汇最重要的一个特点是"单双相通"，即汉语需要为同一概念准备一字和二字两个长短不同的词形。换言之就是，同一概念要既能用一字词表示，也能用二字词表示。

　　"无理可喻"式的同义词是进入 20 世纪以后词汇爆发式增长的结果，这与识字率的提高，即教育的普及有关；"单双相通"式的同义词则与五四时期及以后的"言文一致"运动紧密相连[27]，两者都是"近代"的事件。

3-2 概念范畴的层级与原型理论（prototype）

外部世界森罗万象，不可胜数；而人类大脑处理信息的能力则是有限的。这就需要对概念进行整理，分类分级以方便参照、检索概念和提取所需要的词语。荀子说："故万物虽众，有时而欲遍举之，故谓之物。物也者，大共名也。推而共之，共则有共，至于无共然后止。有时而欲遍（偏？）举之，故谓之鸟兽。鸟兽也者，人别名也。推而别之，别则有别，至于无别然后止。"[28] 即，需要"遍举"时，就把有共同特点的事物放在一起，然后赋予一个"共名"。共名之下的事物还可以根据共同的特点，一层一层地区分下去，直到没有共性为止。将事物互相区别开来的名字叫"别名"，大的别名类中可以再分出小的别名类，直至无可分别为止。例如，世间的森罗万象都可以称作"物"，这是"大共名"。"物"又常常被分为，1自然物、2生产物、3生产者。生产者主要是人类。自然物又可以分为矿物、植物、动物等等。

如此，荀子为我们展示了一个由上至下的纵向系统，向上方可聚敛于"物"，向下方"至于无别然后止"。荀子的言说与古希腊的范畴观有不谋而合之处。荀子的共名别名结构有两个特点，一，各个层级没有轻重之分，即不考虑对于认知活动哪一层级更为重要；二，层级的上下不表示知识获得的顺序，即荀子没有预言认知世界是从共名开始，还是从别名开始。这一点也与古希腊的范畴观相同[29]。而今天的认知语言学所展示的范畴观认为，概念范畴的层级有两种类型，一是包摄型，一是全体部分型（也叫分节型）。前者如，果实→水果→苹果→红玉（苹果）；后者如，树→枝干、根、叶、梢。简略图示如下[30]。

图2　包摄型　　　　　　　　　　图3　全体部分型

38

两种类型都是上下位结构，在这个结构里，处于上位的词，其外延大，内涵小，也就是说词义抽象；下位词则反之，内涵大，外延小，即词义具体。例如"水果"是上位词，可以指所有种类的 fruits，甚至西红柿；"苹果"是下位词，可以把其他种类的水果都排除在外，让我们在脑海里浮现：圆形、红色、甜、酸等形象和味觉，而上位词"水果"则不能。

在上下位结构里，上位词常常对应一个下位的词语集合。如上位词"水果"，下位集合里有：苹果、梨、桔子、香蕉……等。这些词是同位词，即处于相同地位的词，具有一个共同的上位词。我们可以解释说："梨是一种水果"，或者做一个陈述："水果里包含了梨、苹果……"。但是不能说"梨是苹果"，或者"梨里包含了苹果"。

迄今为止，有关上下位系统的举例都是名词，那么动词、形容词能否从上下位的视角做出描述？英国语言学家莱昂斯说：

> Honesty may be regarded as kind of virtue and also a part of virtue. So too for many verbs denoting activities. For example, the proposition "X can sew" may be held to imply a conjunction of "X can tack", "X can hem", "X can baste", etc. Each of the verbs in the set {'tack', 'hem', 'baste', etc.} is a hyponym of 'sew' and may yet be said to denote an activity which is part of the activity denoted by 'sew'.[31]

但是，莱昂斯所说的形容词、动词的下位词显然与"苹果、梨"对应"水果"有所不同。如同世间万物可以归纳为"物"一样，动词也可以按照意义类型分为移动动词、加工动词、存在动词、打击动词、生产动词等，未尝不可以说"做"是大部分动词的"共名"。但"会做菜"（注意："做菜"是一个动词短语）是否就意味着会"煎炒烹炸"。动词表示的是一个沿时间轴展开的过程，有的过程一成不变，如存在类动词；而更多的动词是"与时俱进"，不断变化的。很多动词可以分析为一连串动作的连续体，如"吃"，我们先要把食物放入口中，加以咀嚼，并吞咽下去，一般意义上的

"吃"就是这一连串动作的反复 [32]。某些动词的成立,在逻辑上,或联想上基于一系列准备工作。例如"炒"可以分为对食材进行加工、点火、放油、搅拌、加调味料等步骤,甚至包括用眼睛观察、用大脑判断动作成功与否。诸种因素都作为下位现象加以描述显然是不可能的,也无此必要。

至于形容词,"高低、长短、大小、贵贱……"等都可以归结为某一矢量方向上的量的多寡。但是说"多"是"高、长、大、贵"的上位词有什么实际意义?

人类对自然界的认识是没有穷尽的,随着科学的进步,会不断有新发现、新产品;同时人类的社会活动也永无涯际,随着人类活动范围的扩大,新的社会现象、异域的新概念也必将不断涌现。为了应对概念的无限增长,名词必须是开放的类。人是分类的动物,上下位系统更适合对概念进行分级的管理,是人类应对层出不穷的新概念的有效方法。

认知语言学的另一个重要贡献是"基本层级"(basic level)的设定。基本层级在各个概念层级中有着特别的重要性。人的知识就是以基本层级为中心建构的,抽象化和具体化都以基本层级为起点,基本词汇也都集中在此。基本层级是语言使用者迅速地参照、检索概念,提取所需要词语的直接目标层 [33]。

认知语言学的原型理论认为:在某一概念范畴里如果有复数的成员,有的成员常常会比其他成员处于更醒目的位置,这是人类思维方式所使然 [34]。处于醒目位置上的成员就是典型的成员,被称为"好例子",反之就是非典型的成员,被称为"坏例子"。好例子坏例子之别和语言文化有关。例如在"鸟"这一概念范畴里,对中国人来说,"麻雀"是好例子;但对美国人来说,"知更鸟"(robin)才是好例子。当然不管是中国人还是美国人,"企鹅"或者"鸵鸟"都是坏例子。我们也可以说"麻雀"处于概念范畴"鸟"的中心,"企鹅"则处于这一范畴的边缘。处于范畴中心的好例子就是"原型"(prototype,或称"典型")。如图 A 示:

图 A　上下位异义结构：一物一名的异义词群

图 A 告诉我们，概念范畴"鸟"有一个下位范畴，处于这一范畴中心的成员"麻雀"就是汉语母语者所认知的概念范畴"鸟"的原型，或称之为典型；边缘的成员，如知更鸟、鸵鸟就是非典型。从意义的角度看，"麻雀、知更鸟、企鹅"等下位集合的名词都是"鸟"的下位异义词，词义互相区别，不能换说，但是可以用"XX 是鸟的一种"来解释。因此，我们需要注意："麻雀"是鸟范畴的典型，但不是其他成员的代表。"鸟"可称之为"类名"。认知语言学原型理论讨论的主要是"一物一名"上下位系统中的名词，既很少涉及动词、形容词，对"一物多名"的情况也没有加以过多的考虑。

　　那么一物多名型的概念范畴如何在基本层级上定位？如图 B 所示，在概念范畴 WIFE 里，"妻子"处于中心位置，最为显赫。所谓"显赫"的含义是，与其他词相比更常用，即使用频率高；附加义弱，即色彩为中性。对说汉语的人来说，"妻子"的中心地位是有心理实证性的。

图 B　同位同义结构：一物多名的同义词群

图 A 图 B 的不同之处是，"麻雀"有一个上位词"鸟"，"妻子"却没有[35]。我们能说：（对中国人来说）"麻雀"是典型的"鸟"，但是不能说："妻子"是典型的"老婆"，只能说在汉语的概念范畴 WIFE 里，"妻子"是典型的说法。笔者认为像"妻子"这样的处于概念范畴中心位置的词，称之为"代表词"更好，因为在意义上可以代表同一范畴内的其他词语（即"换说"）。设置代表词的最大益处是对动词和形容词的概念范畴也具有相同的阐释力，而这在目前的原型理论里是缺乏的。如上面"大"与"改"的同义词群，我们不能说"大""改"分别是"巨大、伟大……""改变、改革……"的上位词，但是可以视作这一范畴的"代表词"。图示如下：

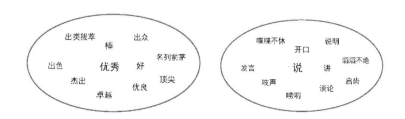

汉语的动词和形容词，其"代表词"往往是其他同义词的根词。

麻雀之所以成为概念范畴"鸟"的原型是一个文化过程，即生活在某一文化地理环境中的人所共有的认知类型。而妻子成为概念范畴 WIFE 的代表词则是一个语言过程，即使用某一语言（含方言变体）的人所持有的语感。对于后者，近代以降的东西方语言接触、翻译活动都发挥了重要作用。

通过上面的讨论，我们知道有两种"原型"，一种以"一物一名"型概念范畴为代表，反映的是人类的百科知识结构；另一种以"一物多名"型概念范畴为代表，反映的是人类的语言知识结构。两者互相牵连、渗透，但不可混为一谈。前者由"类名"统辖，后者由"代表词"代表，"类名"与"代表词"是概念范畴的标签（label），是词汇系统的节点（node）。两者都分布在基本层级上，如下图 C。

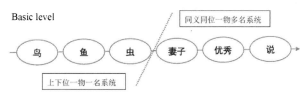

图C　基本层级上的两种概念范畴

四　基本词汇化的研究指向

通过上一节的分析，我们知道基本词汇中有社会发展带来的新名词，也有同义词群典型化的结果。前者是外部世界在语言上的反映，后者是语言内部体系化调整的结果。那么，如何筛选、确定基本词汇？为了汉外词汇教学的目的，我们采用了以下的方法：

- 以《现代汉语常用词汇表（草案）》（商务印书馆，2008）所收的56008条词为筛选母体；
- 首先将词语按照名动形副分成四类，再分别按照词义进行归纳，意义相同、相近者汇集在一起，由此得出3307个"概念范畴"；
- 从外语教学的视角对"概念范畴"中的词语进行筛选，比如删除古语、詈言、俗语等；
- 对"概念范畴"内的成员按照词频等进行排序，由此确定"代表词"；

笔者等按照上述方针编纂的《现代汉语词汇义系》共收录"词头"（entry）3307条，统辖下位词、同义词15461条（名词1353[6737]；动词1206[5348]；形容词561[2897]；副词187[462]。[ ]中为同义词、下位词数，去重后共收录17869）[36]。成为词头的3307条词是概念范畴的标签，与其他成员存在着上下位换说，如"梨是一种水果"，和同义换说，如"内子就

是妻子"的关系。基本词汇确定的过程包括两方面的研究内容，一是以外语词汇教育为目的的研究，特别是基本词汇的筛选、词语清单的确定以及词汇组织结构的明示；"循序渐进""由浅入深"等所代表的词语的难易度的确定都是需要从这一角度加以探讨的内容。二是近代词汇史的研究，特别是以二字动词、形容词的发生、形成为主要内容的词源记述。两者有着密切的关系，不应割裂开来。对此二者，以下分别进行简单论述。

4-1 外语词汇教学与基本词汇

在有限的时间空间里学习外语，词汇以十数万计，其教学目标不可能在教室内完成。一般认为二～三年的课堂教学可能完成的词汇教学的极限是3000词左右，这个数量能否同时达到表达力的最高值？课程设计等需要一个最小词汇量与最佳交际能力的平衡点。为此准备一个词汇清单是词汇教学大纲设计上的重要内容。迄今为止，这份清单是根据词频调查和专家干预得到的，如"HSK词汇大纲"等。近年语料库的进步，使这种方法最大限度地减少了任意性，但根本原理依然如故。支撑表达能力的词汇量，笔者称之为"词汇力"，由两个指标构成。即，

● 词汇的广度：所掌握的不同事／物等名称的数量；
● 词汇的深度：所掌握的同一事物的不同名称的数量；

我们常常以"词汇丰富"或者"词汇量大"评价使用者或学习者的词汇力。这种关于词汇"数量"的表述实际上是对词的广度和词的深度的综合性评价。所以我们的评价在不同的情况下有不同的侧重点。简单地说，评价一个母语使用者（包括那些成功的外语学习者）"词汇丰富"，我们指的是词汇的深度；而对于外语学习者，尤其是初学者，评价他们"词汇丰富"指的是词汇的广度。小说家、诗人、艺术家的词汇量要比一般人多。多在哪里呢？主要在词汇的深度上。他们知道更多的同一种事·物的不同

的名字。例如，我们都知道结婚的两个人可以叫"夫妇""夫妻"或者"两口子"，但是并不是所有的人都知道"伉俪 kànglì"的意思。在日常生活的范围内，除了那些比较专门的内容外（这部分词汇学上称为"职业词汇"），说母语的人在词的广度这一点上，词汇量是大致相同的。但在词汇深度上，即使是相同的母语使用者之间也往往有很大的差距。

如上所述，基本词汇有两种，一种是上下位结构中位于基本层级的词，即"类名"。如"水果、家具、饮料、甜品"等。近代以后逐渐发展、完成起来的"-品；-料；-物；-具"等一类词都属于这一类。另一种是同位同义（含近义）结构中的代表词。从习得的角度看，婴儿最先接触的是特定的物体，如"爸爸"、"妈妈"都指特定的人，杯子也指特定的杯子。当其他的杯子——不同的形状、颜色、材质——也用［beizi］来称呼时，婴儿一定感到会很诧异。在语言习得的过程中，婴儿学着把同类的事物归纳到一起，然后用一个共同的名字，即类名去称呼它们，这个名称所表示的就是一个被切分好的认知范畴的标签，一般是位于基础层级上的概念范畴的名称。对于婴儿来说，"苹果、桔子"等种名的习得可能要先于类名"水果"。但是，学习外语的成人是已经掌握了第一语言的人，他们具有已经格式化了的知识，不需要，也无法完全重复婴儿的认知过程。对于他们来说"水果""家具""饮料"等类名会有更高的交际效率。哪些词应该作为基本词汇，首先提供给学习者？这是汉外词汇大纲编制者首先需要考虑的。我们的具体做法是：对于上下位结构，选择类名，对于同位同义结构选择代表词。3307 条"词头"可以覆盖一般语言生活中的所有概念，我们称之为"表达的广度"；代表词所代表的同义词、下位词则使我们的语言表达更加细致、华丽、深刻，我们称之为"表达的深度"，词汇的学习，不管是第一语言，还是第二语言，都是一个由广度向深度发展的过程。

学习外语，初级阶段的学习者的主要任务是扩大词汇的广度，因为没有一定的词汇广度，就没有表达上的自由。面对一个事·物，不知道怎么称呼也就无法说出自己想说的意思了。但是到了中高级阶段，学习者的目标就发生了变化，他们更需要增加词汇的深度。因为词汇的深度和表达的

丰富多彩有着密切的关系。不断提高词汇的深度不但是外语学习者的任务，也是说母语人的努力目标。

国立国语研究所编纂的《分类语汇表》（1964）其编纂目的之一是为基本词汇的设定准备基本数据，为了这一目的，《分类语汇表》将32600条日语常用词汇分成798个词群（2003年的增补版收词增至79517条、词群数895）。编者说每个词群都是同义词群，但实际上并非如此。如果要用《分类语汇表》作为设定基本词汇的基础数据使用，还需要对表中的同义词群加以细化。

在结束本节之前，特将中心词和边缘词各自的特点总结如下：

概念范畴中的位置	接近中心部	接近边缘部
习得上的特征	自然习得	主动学习
周边义特征	中性	个性
基本度	可以换说其他词	可以被其他词换说
基本义	可以解释其他词	可以为其他词解释
感情色彩	少	多
修辞力	弱	强

4-2 基本词汇化与近代词汇史研究

基本词汇化的本质是日语的"和汉相通"、汉语的"单双相通"在实现过程中，同位同义词群里的成员发生原型化的结果。这是一个由二字词化引发的事态，立足于这一基本认识，对于基本词汇的近代形成的问题，需要审视的内容包括以下几个方面：

一、二字基本词的来龙去脉；

二、一部分词如何脱颖而出，由周边移向中心，成为基本词；

三、包括搭配在内的意义用法的形成及中日韩各语言中的异化；

四、基本词汇对言文一致的贡献；

五、汉字文化圈域内基本词交流及共享的过程；

以下我们分别简单讨论一下这五个方面的问题。

首先是二字词的来源，二字词来自何方这一设问关系到近代词汇形成史的核心问题。从发生上看，中日二字词的获得主要有以下几种途径：

日本：

    1. 来自中国的典籍；

    2. 对汉语古典词加以改造；

    3. 日本独自创制；

中国：

    1. 来自中国的典籍；

    2. 来自传教士等的译著；

    3. 借自日语，或在词义、词频上受到日语影响；

中国的典籍是中日的共同项，具体所指就是从先秦开始到宋明为止的各种典籍，佛经、语录、白话小说等也是二字词获得的重要资源。包括「サ变動詞語幹」「漢語形容動詞」在内的大部分二字词，都有中国古典的书证；将汉语古典词改造成为翻译中使用的译词也是常用的方法。这种情况下汉字在日语中的"训"会起到重要的作用。汉学家、兰学家熟读汉语典籍，根据需要信手拈来；在兰学翻译中日本译者独自创造的新二字词也不鲜见。需要指出的是，动词、形容词与名词不同，外语原词多为单纯词，故可以直译（摹借）的情况较少。之所以采取二字词形式也并非处于意义上的动机，而是为了凑音节，大量并列结构的动词／形容词就应运而生了，如"考虑、思考；优秀、简单"等[37]。

进入明治期以后有一个事实需要留意，就是汉语古典词常常不是直接来自中国的典籍，而是来自传教士编纂的英华字典。"和汉相通"即为和语准备汉字词就是确立和汉对应关系的过程。在这一过程中英语等外语起到了触媒，或粘着剂的作用。大航海时代以后，知识的移动更加频繁，规模和范围也愈加扩大。方言成为"国语"，并开始和其他"国语"发生关联。

无论哪一种国语，其近代词汇必须取得译词的资格。就日语而言，对一个外国词，常常准备了和语和汉字词两种译词。其结果是，用于理解的和语和用于表达的汉字词各司其职，产生了分工现象。受到英华字典强烈影响的这一时代的英和辞典以及高桥五郎编纂的一系列辞典：《漢英対照　いろは辞典》（1888）《和漢雅俗　いろは辞典》（1889）《増訂二版　和漢雅俗いろは辞典》（1893）《言海》（1891完成）等语文工具书都极大地促进了和汉相通的实现。

转观中国，尽管古代典籍、包括英华字典在内的传教士文献都是在中国撰写或刊行的，但是对于世纪之交的中国作者、译者来说，至少英华字典类已经不再是可以利用的资源了[38]。大量二字词的可利用性还有赖于日本的中介。关西大学博士生杨驰对中日同形词二字动词2277词进行的调查结果显示：

(1) 中国古典词：解决　劝诱　违反　握手　斡旋　安心　安息　安置　维持　运动　运用…1512词
(2) 中国近代新词：暗杀　会谈　缓解…161词
(3) 和制汉语：对抗　考虑　促进　液化　分泌　公诉　感光　出勤　换算　竞技　座谈…288词
(4) 词义或词频受到日语影响者：同情　同意　成立　会见　回归　改善　开放…316词

另据关西大学博士生周菁对二字形容词的调查，近代以降活跃使用的二字形容词491条中，下列33条是"和制汉语"的可能性极大。

旺盛　快速　过剩　过敏　顽强　简单　稀薄　强烈　健康　健全　高级　广泛（范）　垂直　正确　正规　正常　单一　单调　低级　低俗　低调　低能　低劣　适度　特有　浓密　敏感　膨（庞）大　优秀　优良　良好　冷酷　矮小…

　　关于第二点，即一部分词如何得以由周边移向中心，成为基本词的？现在通行的认知语言学原型理论讨论的其实只是一个静止的结果。而毫无疑问原型的形成必然是一个文化的，或语言的过程。如本文题目所示，基本词汇有一个近代形成的问题：短短的十余年时间里某些词从同义词群里脱颖而出，占据了中心位置。如上所述，"一物多名"型概念范畴的原型化是一个语言过程，这也意味着原型化的结果具现了个别语言的特点。例如，概念范畴 WIFE 的原型化在中日语言中分别如下：

妻子　　　　老婆、爱人、媳妇、内人、夫人、太太
妻（つま）　家内、女房、嫁、奥さん

这种现象可称之为"文化性基本词"。但动词、形容词似有不同。如果召集中日的大学生，让他们写出 think；excellent 的二字译词，可以预测"思考"和"优秀"会成为首选。相信将测试范围扩大到韩语、越语，结果也将是一样。这一类词笔者称之为"文明性基本词"。之所以如此是因为使用了相同的英语双语辞典，是一种合理的解释，而其背后则是汉语，或日语的原型化过程在汉字文化圈的扩散。这段历史还有很多问题需要廓清。

　　第三点是词义、用法以及搭配关系在东亚特定语言中的变化问题。意义用法的中日互动，作为"同形词"问题一直是汉语，或日语教学研究的重要内容，本文无暇详论，在此只想指出搭配上的差异常常反映了词语传播的路径，如"杀害""莫大"等词语的搭配——"杀害恐怖分子""莫大的荣幸"是否为可接受的表达——在中日韩越四语中分成日韩、中越两派。而"精神异常""神经衰弱"则完全相同。哪个词脱颖而出是语言过程，有一定的偶然性；搭配的异同是何种因素在起作用？这是一个值得深究的问题。

　　关于第四个问题，近代以降，为了导入西方的新概念，日本导入，或创造了很多学术用语。学术用语以汉字词为主，且需要统一。明治十年代后半，重要的英和辞典，各个专业领域的术语集大致出齐，学术用语的编制初具规模。这个时期有两个动向出现，一是言文一致的运动，另一个是

二字汉字形式的谓词（サ変動詞語幹、漢字形容動詞）大量进入日语的一般文章。也就是说，明治后期开始的基本词汇化现象，是与言文一致是互相呼应的。笔者认为"言文一致"并不是把有声语言变成文章，而是写出的文章可以通过声音被理解。言文一致不仅仅是文学上的要求，更是科学教育上的需要。笔者将讲述科学内容的话语行为称之为"科学叙事"。具体是指近代教育机关的语言活动。明治 20 年（1887～）以后，留学欧洲的日本人陆续回国，取代了在日本大学执教的欧美教授，开始在日本大学的讲坛上用日语上课。这时，学术用语与新的学问体系的形成就发生了关联，因为学术用语如果不与二字谓词相结合就不可能有近代的语言活动。两者都与近代知识的普及和近代教育制度的确立有着密不可分的关系。

导入西方近代知识时，二字谓词的准备不像学术用语那样有紧迫性。学术用语的制定告一段落后，二字谓词的问题才随之而来。"和汉相通"是为已经存在的和语动词、形容词，准备一个同义的汉字词。而通常的情况是，一个和语词有一组汉字词与之对应。作为和汉相通的结果，同义词群得到了极大的发展。这是为了描写的精密化和文体的统一性，当然也是为了实现表达的多样性。需要强调的是，二字汉字的谓词，在很多情况下并不一定有意义上的动机。田中牧郎所讨论的「つとめる・努力」「優れる・優秀」「助ける・援助」「広げる・拡大」等的基本词汇化现象，都是和汉相通的结果。

关于第五点，笔者认为基本词汇化，不但在日语，同样在汉语、韩语和越南语中也可以观察到类似现象。日语、汉语、韩语、越南语中，除了"哲学、科学、革命、人权"等术语以外，大量的二字同形谓词，如"考虑、思考、正确、优秀"等也都是基本词汇化的结果。在汉字文化圈，二字词是一个交汇点，先行一步完成词汇近代化的日语，反过来对汉字文化圈的其他语言施加影响。基本词汇化的问题应该在更大的范围内加以考察。

结语

从第二语言的词汇教学和近代词汇史研究分属历时和共时两类不同的研究，在实际的研究中也呈现出分而治之、不相往来的倾向。甚至如田中牧郎在考察"优秀"等的基本词汇化时，也没有特别提到词源的问题；汉语近代词的研究也缺失了19世纪百余年间的内容。基本词汇化研究的近代词汇史视角是不可或缺的。只有这样才能廓清这一问题的全貌。

基本词汇化研究，需要新的研究方法。发生基本词汇化的词以汉语古典词居多，其发生可以追溯到很早的时代。然而需要注意的是，尽管有较早的书证，但是使用频率并不高。是不折不扣的周边词汇。其活跃起来是进入明治20年代（1887～）以后[39]。也就是说，初始书证几乎没有什么意义。与初始书证相比，使用频率变化的时期才是应该格外加以关注的。词源调查的方法，对于使用频率是无能为力的。但是大规模语料库的出现，解决了这个问题。不但可以发现首见书证，还可以捕捉使用频率的变化。田中牧郎一系列的研究真是利用《太陽コーパス》（国立国语研究所，2005年）的结果。这个语料库只是间隔地收录了1895-1925年间杂志《太阳》的语料。现在这个语料库扩充为《日本語歴史コーパス》（2016），《明六雑誌》（1874-1875）《国民之友》（1887-1888）等也成为收录对象。只是可观察的语言现象以杂志《太阳》为主这一点仍无变化。田中本人也指出"汉字新词特别多的明治前期语料是不足的。所以利用现有杂志语料库所能进行的基本词汇化研究是明治后期到大正期[40]。这也就是说现有语料库无法正确地反映基本词汇化的全貌。不过需要指出的是，"汉字新词特别多的明治前期语料"主要是前文所述A类的词，基本上与基本词汇化无关；B类是旧的汉字词，在明治后期处于逐渐被淘汰的命运。如前所述，基本词汇化以学术用语的基本完成为前提，学术用语和谓词之间存在着时间的次第和因果关系。《日本語歴史コーパス》以现有的规模而论，无法把握基本词汇化的全貌，进一步扩展是必不可少的[41]。

注

1）Uriel Weinreich 著，神鸟武彦译《言語間の接触：その事態と問題点》，岩波书店，1976 年，1-2 页。

2）参见孙常叙《汉语词汇》"第二部分词汇和基本词汇"，吉林人民出版社，1956 年。

3）词汇研究中的另一个概念"常用词"是根据词频调查的结果确定的，第二语言词汇教学研究中的基础词汇就是经过专家干预的常用词。而各类汉语概论书中的"基本词汇"只是对旧苏联语言理论的说明，并没有方法论上的验证。

4）《现代汉语》，高等教育出版社，2011 年版，246-248 页。

5）梁启超为章士钊《论翻译名义》作的序，载《国风报》1910 年 11 月 22 日。

6）关于二字词，参见笔者《汉语近代二字词研究——语言接触与汉语的近代演化：序说》，《中国文学学报》，第 8 期 2017 年 12 月，57-91 页。以及即刊拙著《汉语近代二字词研究》，华东师范大学出版社。

7）在汉语中，除了成语和惯用形式，二字词＋二字词的词义是透明的，可以做词组对待；二字词＋一字词则是词缀构成的派生词。需要另一种考察的角度。

8）沈国威《汉外词汇教学新探索》，关中研，2014 年。

9）"全民常用性是说它为全民族所共同理解，流行地域广，使用频率高。它的使用，不受阶级、行业、地域、文化程度等方面的限制。（中略）不用基本词而要进行交际，是不可思议的。"《现代汉语》，246 页。

10）桦岛忠夫《日本語はどう変わるか——語彙と文字》，岩波新书（145），1981年，13-15 页。笔者译。

11）黄遵宪《日本国志》"日本国志凡例"。[ ] 中为夹注。

12）日本国立国语研究所《日本語歴史コーパス＝https://chunagon.ninjal.ac.jp/chj/search》。这个语料库包含杂志《太阳》《明六杂志》等明治后期的报刊杂志等语料。

13）田中牧郎有以下一系列研究：《漢語「優秀」の定着と語彙形成——主体を表す語の分析を通して》，国立国語研究所編《雑誌『太陽』による確立期現代語の研究——『太陽コーパス』研究論文集》（博文館新社，2005 年 115-141 页）；《「努力する」の定着と「つとめる」の意味変化》，《日本語辞書学の構築》（仓岛节尚編，櫻枫，2006 年 223-238 页）；《近代書き言葉はこうしてできた》（岩波书店、2013 年）；《近代新漢語の基本語化における既存語との関係——雑誌コーパスによる「拡大」「援助」の事例研究》，《日本語の研究》（第 11 巻 2 号、2015 年 68-85 页）；《明治後期から大正期に基本語化する語彙》，斎藤倫明・石井正彦編《日本語語彙へのアプローチ》（櫻枫，2015 年 234-250 页）；《近代における「期待」の基本語化——雑誌コーパスによる記述》，《国語語彙史の研究 35》（和泉书院，2016 年，1-21 页）。另外日本语学会 2017 年度春季大会上还举行了《近現代「基本語化」現象の記述と理論化——書きことばの叙述語を中心に》的工作坊。

14）田中牧郎《近代雑誌における漢語の基本語化》，日本语学会 2017 年度春季大会予稿集，226 页。笔者译。田中在自己的一系列研究中并没有使用"基本語彙"，而是使用了"基本語"这一名称，但含义相近。

15）以上词例均采自田中牧郎《近代雑誌における漢語の基本語化》，日本语学会 2017 年度春季大会予稿集，227 页。有删减。

16）田中牧郎《近代雑誌における漢語の基本語化》，日本语学会 2017 年度春季大会予稿集，227 页。

17）日本国立国语研究所构建的《日本語歴史コーパス》主要采集对象是《明六雑誌》（1874-1875）《国民之友》（1887-1888）《太陽》（1895-1928）等。前两种刊行时间短，规模小，杂志《太陽》最为重要。但由于条件等方面的限制，语料并不是全数采录，而是间隔数年采录一年。故统计结果是非连续性的。详见该语料库的说明。

18）所谓"科学叙事"是指讲述科学内容的话语行为。具体是指近代教育机关的语言活动。明治 20 年以后，留学欧洲的日本人回国，取代了在日本大学执教的欧美教授，开始在日本大学的讲坛上用日语上课。

19）词汇的体系性即词与词之间的关联方式。词不可能是一盘散沙，因为大脑无法处理或检索。直接反对词汇具有体系性的学者不多，但有人怀疑对词汇体系进行科学叙述的可能性。

20）沈国威《词汇的体系与词汇的习得》，《东北亚外语研究》2018 年第 2 期 9-15 页。

21）［清］王先谦撰《荀子集注》北京：中华书局，1988 年 415 页。

22）中国历来有"非我族类，其心必异"的说法。

23）王力：《汉语史稿》北京：中华书局，1980 年 528 页。

24）［清］王先谦撰《荀子集注》北京：中华书局，1988 年 418 页。

25）这似乎否定了荀子的"同则同之，异则异之"的主张。其实也不尽然。荀子也注意到一字二字词意义相等的现象，如"妻＝妻子"、"国＝国家"等。

26）这种状况以前被认为是"古已有之"的现象，而笔者近期的研究表明，这主要是 1890 年（明治 20 年代）以后的事。

27）本文的"言文一致"是指能听懂的科学话语，即在近代学制的教育设施中使用的语言。

28）［清］王先谦撰《荀子集注》北京：中华书局，1988 年 419 页。

29）大堀寿夫著《认知语言学》，东京大学出版会，2002 年，54-55 页。

30）名词中包摄型要多于全体部分型。《现代汉语词汇义类》（关中研编，2018）1361组名词中前者，即"▽"标出的项目 457 个；后者即"∈"标出的项目仅 41 个。

31）Lyons, John. 1977. Semantics, 2 vols. Cambridge: Cambridge University Press. pp.314-315. ［译文：诚实可以看作是一种美德，也可以看做美德的一部分。对于许多表示活动的动词也是如此。例如，命题"X 会缝纫"可能被认为具有以下含义："X 会 tack"、"X 会 hem"、"X 会 baste"等。在集合｛'tack''hem''baste'等｝中的动词词都是"缝纫"的下位词，也可以说是由"缝纫"所表示的活动的一部分。］原文的 Hem 可以译作"镶边、锁边"，而 tack 和 baste 则没有适当的、得到普遍承认的译词，只能解释为"tack ＝（为定样临时缝上的）粗缝针脚；假缝"；"baste ＝（在正式缝制前为固定衣片或试样）用长针脚疏缝，粗缝"（陆谷孙主编《英汉大词典》第 2 版，上海译文出版社）tack 和 baste 无法以词的形式译

出，这是中英语言范畴化不同的结果，然而如果需要，汉语也一定能为之准备译词，这就是再范畴化。

32）《认知语言学导论》（弗里德里希·温格瑞而等著，彭利贞等译，上海：复旦大学出版社，2009 年第二版）的著者认为"吃"与"咬、嚼、咽"是部分整体的关系。112-113 页。

33）大堀寿夫著《认知语言学》，东京大学出版会，2002 年，53-63 页。

34）认知语言学还讨论类似"游戏""文具"这样的家族相似的范畴，在这样的范畴里很难确认"原型"。当然，原型的存在是程度的问题，也受时空的制约。

35）有人可能会说"家属"或"亲属"是"妻子"的上位词，或"妻子""丈夫"是"家属、亲属"等的下位词。但是"家属"和"鸟"的抽象度是完全不同的。"妻子"与"老婆"以下的词语是同位同义的关系（说得严密一点是概念义相等，周边义有别）。我们不能说"老婆是一种妻子"，但是，可以说"老婆就是妻子（的口语说法）。"实际上这正是语文词典常用的释义方法，如《现代汉语词典》（商务印书馆第七版，2016）：【老婆】〈口〉妻子。即"概念义＋色彩义"的释义模式。这一点与"水果▽苹果、梨、桔子……"（▽表示下位关系）不同。

36）沈国威·杨帅可＋关中研编《现代汉语义系》，遊文舎，2018 年 3 月。本书经进一步修订后，2018 年 6 月以《中国語学習シソーラス》的书名由日本东方书店刊行。

37）二字动形包含大量的并列结构和动补结构。这二者都是典型的汉语造词格，但在日语中，动补结构是非句法的词格。

38）所谓"不再"，意思是，刊行当初国人并没有认识到英华辞典的价值，世纪之交再想购买时，已经无处可寻了。

39）上面提及的"サ变动词语幹"、"形容动词"很多在《言海》（1888-1891）等 19世纪的日语辞典中都没有收录。其时这些词还没能成为一般词汇。

40）田中牧郎《近代新漢語の基本語化における既存語との関係 —— 雑誌コーパスによる「拡大」「援助」の事例研究》，《日本語の研究》第 11 巻 2 号、2015 年 70 页。

41）谷歌的 Ngram Viewer 界面还没日语的功能。中国的《申报》《大公报》《东方杂志》等大型近代报刊语料库已经开始提供服务。随着韩国、越南相关语料库的建构、使用，这一方面的研究环境将得到质的改善。田野村忠温《Web コーパスの概念と種類，利用価値 —— 語史研究の情報源としての Web コーパス》，《計量国語学》30 巻 6 号、2016 年、326-343 页参照。

近代漢語の基本語化について

沈　　国　　威

1　はじめに

　西洋の近代的知識の受容により、東洋のことばは大きく変容した。そのうち、語彙面での変化は最も顕著である。前近代から近代への語彙の変遷を追跡し、その全容と働く原理を解明する必要がある。国立国語研究所のコーパスを利用し、近代以降の語彙変化を「基本語化」として捉えようとする田中牧郎らの一連の研究は、その試みの1つと言えよう[1]。「基本語化」について、田中は、次のように定義している。

　　　語彙の中心に安定してよく使われる「基本語」があり、語彙の周辺に不安定であまり使われない「周辺語」があると見て、ある語が周辺語から基本語へと段階的に移行してしく現象を「基本語化」ととらえる[2]。

田中の定義から分かるように、いわゆる基本語化は、近代語のコーパスを利用して捉えた雑誌『太陽』等の近代雑誌における語の使用頻度の変化である。考察結果がコーパスの規模、収録データの性格等の要素により左右されるが、明治期に漢語の一部が現代日本語の常用語彙となった事実は間違いなく存在する。現代日本語の和漢混淆文体の成立を考える時、「漢」の部分の発達史は無視できないであろう。語彙論に限っても基

本語化に関する研究は、近代語語彙の発生のみならず、漢字と漢字による造語の特徴、ないし語彙体系の構築にも密接に関連している。本稿は、近代における日中近代語彙の体系的形成、ないし語彙体系そのもののあり方という視点からこの問題を考察しようとするものである。ただし田中らの研究にある「叙述語」に関しては、本稿ではより狭い意味で使用し、動詞、形容詞という用言の類のみを指す。

　なお筆者は、基本語化現象には、2つの側面があると考えている。1つは、特定の語が語彙体系の中心に漸次移動することであり、いま1つは、同義語群におけるプロトタイプの実現である。発生的に見れば、両者は無関係ではないが、本稿は、後者を中心に論ずる。

2　基本語化現象はなぜ起きたか？

田中は、考察対象となる基本語化した語彙を次のように分類している[3]。

A：栄養、協定、刑事、国有、手術、都市、飛行、皮膚、本能、率
B：明るい、一杯、同じ、金持ち、借りる、差し支える、更に、しっかり、直ぐ、すっかり、ずっと、大した、小さな、友達、人気、もっと、尤も……
C：圧迫、援助、解決、拡大、型、可能、期待、気分、具体、欠陥、堅実、見地、貢献、向上、興奮、合理、考慮、色彩、支持、実現、使命、信念、節約、増大、相当、促進、対抗、妥協、立場、短縮、地点、提供、徹底、特徴、努力、名前、肉体、発展、悲観、皮肉、表情、不安、復興、有利、誘惑……

　田中によれば、Aは、「社会の近代化を反映する語彙：近代的な科学技術や社会制度の普及など、社会が近代化することが直接の原因。これ

は、言語の変化による基本語化現象ではなく、社会の変化によるそれだと見ることができるだろう。」

Bは、「口語的な性質の強い語彙で、これは、明治後期に進んだ言文一致という文体の変化に起因するものと考えられ、言語の変化によるものではあるものの、語彙史よりも文体史の問題と見るべきものである。」

Cは、「抽象的な意味を表す語彙で、C類の語彙が基本語化する直接の原因を、社会や文体の変化に求めることはできず、語彙自体の変化に起因するものである可能性が高い。これらがどのような事情で基本語化するかを具体的に観察することが、近代における基本語化現象の本質を考えることにつながっていこう。」[4]

このように、基本語化の動機付けについて、A、Bはある程度の説明が付くが、Cに関しては納得のいく理由が示されていない。さらなる考察を進める前に、ここでまず以下の事実を確認しておきたい。

- **時期**：基本語化は明治後期から大正期に発生した現象であり、具体的に言えば1890年代（明治20年代）に入ってから徐々に顕著になった。
- **語種**：漢字語、特に二字漢語がその殆どを占めている。
- **品詞**：名詞もあるが、動詞、形容詞が中心である。つまり基本語化は、サ変動詞の語幹と形容動詞の近代書記言語への大量進出の結果である。
- **意味的特徴**：田中の言う抽象的な意味を持つ傾向もあるが、最も顕著な点は、既存語、特に和語との関係から以下のタイプが指摘できる。ア）意味の空白を埋めるもの；イ）同義語関係を確立し、同義語群を構成するもの。

上記の4点は、いずれも基本語化の動機付けに直結する。以下少し詳しく述べてみたい。

3 語彙体系の近代化と基本語化

　江戸中期以降の蘭書翻訳は、すでに語彙面において日本語に影響を及ぼした。しかし、翻訳の基調は、漢文、或いは漢文調であったため、日本語そのものへの影響は限定的であった。明治期に入ってから、全面的に西洋の近代的知識を受容する必要から蘭学で一定の成果を上げた自然科学に加え、人文科学の翻訳も盛んに行われるようになり、語彙がかつてないほどの急増ぶりを見せ、日本語は大きく変容した。語彙体系の近代化には、学術用語の創出と叙述語の整備という二つの側面がある。明治初期の新語は、学術用語が中心であり、創出するに当たって、「新しい概念は、二字漢語で表現（或いは訳出）する」という原則が貫かれた。新語の殆どが漢語形式を取る所以である。また学術用語は、科学叙述の性質上⁵⁾、厳密に定義を施し、異形を極力排除することが求められる。即ち学術用語の統一である。筆者はこれを仮に学術用語の「一物一名」の原則と呼ぶ。

　一方、叙述語とは、科学叙述の枠組みを担う語で、動詞、形容詞が務める。叙述語は新しい概念を表すものもなくはないが、既存の和語等に同義関係を持つ漢字語を提供するのを目的とする語がかなりの比重を占めている。筆者は、これを「和漢相通」の現象と呼ぶ。「和漢相通」は、近代以降の語彙現象として、その動機付けには主に以下のようなものがあるのではないか。

　一、主に言語社会の変化、特に異文化・異言語との接触によってこれまで存在しなかった、或いは区別しなかった状態、事態を表し、精密に区別する必要性が生じた。例えば「敏感、過敏」「駐在、滞在；駐車、停車」などである。明治後期に大量に発生した「-的」付きの語がこの延長線上にある。

　二、これまで漢文脈、和文脈と峻別された文体が、新たに和漢混淆文

58

体へと成立していく過程で、韻律特徴（例えば×訪日本、×訪問米などの表現ができない）を含む文体的統一性を与える必要性が生じた。例えば同義の和語がすでに存在しているにも拘わらず、「簡単、優秀、正確」；「援助、拡大、期待」などが新作される。

　三、近代学校制度の確立により、教育が普及し、漢字だけではなく、英語知識も一般民衆へと浸透していく。そのため、紋切り型の表現に満足せず、言語表現の多様化を追求する必要性が生じた。これは同義語群の発達に繋がる。例えば「優れる、優秀、抜群、卓越；大切、大事、重要」などの場合である。

　これまでに一と二について、考察、言及があるが、三に関しては、少ない。ここで三について少し説明したい。言語には「達辞」と「行遠」の二つの側面がある。孔子曰く、辞は達するのみ（辞達而已矣）；亦曰く、之を言うに文無くば、行われて遠からず（言之無文、行之不遠）。荀子にも同じ言説がある。「行遠」のための一手段は、同じ概念を異なる語で表すことである。これを「一物多名」の原則と仮称する。「一物多名」には意味的な動機付けがないが[6]、言語は基本的に「一物多名」でなければならない。

　学術用語にせよ、叙述語にせよ、核心は漢字語である。そして二字語の場合が圧倒的に多い。明治期の語彙の増加は、漢字語が中心であるとの指摘がなされて久しい。漢字の造語力と漢語の意味的抽象性が原因であると分析する論調が多いが、角度を変えて観察する必要もある[7]。ところが、明治期の新漢語には、前述のように、ア）意味の空白を埋めるものとイ）既存の和語と同義関係をなし、同義異形語を提供するものとの二種類がある。アは、上記の一に当たり、イは、上記の二、三に当たる。どちらが多いかはまだ統計を見ないが、例えば、中国では戦国時代の後期（BC. 3世紀）から一と二、三との比重が逆転した[8]。日本でも明治以降の教育の普及により「一物多名」に更に拍車がかかったと思われる。

西洋の近代的知識を導入するにあたり、叙述語の整備は、学術用語ほど緊急性を要していなかったが、ないがしろにすることができない。田中が一連の研究で取り上げた「つとめる・努力」「優れる・優秀」「助ける・援助」「広げる・拡大」などは、和漢相通が実現された結果だと認識する必要がある。

　明治10年代後半、重要な英和辞典、各分野の学術用語集が一応出揃い、学術用語の整備が一段落したと見て良い。この時期に2つの動きが現れた。1つは、言文一致運動の機運がこれまでなく高まったこと、もう1つは、サ変動詞語幹と漢語形容動詞が急速に近代書記言語に進出したことである。言文一致運動について、文学の側面から捉える向きが多いようだが、これは、同時に科学を語るための科学叙述からの要請である。

　以上を簡単に纏めれば、近代以降、西洋の新概念を導入するために、学術用語が数多く創作された。学術用語には、二字漢語が多く、また統一させる必要もあった。学術用語の創作が一段落すると、叙述語の問題が持ち上がった。これまでの和語系の動詞、形容詞に対し、同義の漢語の叙述語を新たに用意しなければならない。和漢相通である。なお、1つの和語に対して、漢語系の叙述語が常に複数で用意される。これは、精密描写や文体の統一性と表現の多様性のためである。強調しておきたいのは、漢語系叙述語の多くは、必ずしも意味上の動機付けが存在しない。和漢相通の結果として、同義語群がこれまでになく発達した。

4　基本語化のメカニズムについて

　結論を先に言えば、基本語化は、和漢相通によって形成された同義語群における競合・棲み分けが行われた結果である。認知言語学の知見によれば、カテゴリーを構成するメンバーには、「らしさ」の違いによって「良い例」（中心メンバー）から「悪い例」（周辺メンバー）まで段階性が

認められる。中心メンバーであるプロトタイプの存在やメンバーの非均質性は、特殊なケースではなく、カテゴリー化そのものの一般的性質に他ならない[9]。ただし認知言語学で論じられているプロトタイプは、表1のように周辺メンバーと同位関係にあり、共に上位認知カテゴリーの下位集合である。

表1

認知範疇	下位範疇（メンバー間は同位関係）
鳥	すずめ、ツバメ、カラス、鳩、雁、鷹、ダチョウ、ペンギン、こうもり
文具	鉛筆、消しゴム、定規、パソコン、ノート、はさみ、iPad、デジカメ
家具	ベッド、いす、ソファー、机、タンス、食器棚、本棚、カーテン、洗濯機

認知範疇（概念）と下位範疇（下位概念）では、メンバー間の置き換えができないが、「○○は、△△の一種である」と言い換えることができる。しかしこのような名詞の上下位関係しか捉えられていない範疇構造は、必ずしも語彙の実態を如実に反映していない。筆者が縦の上下位だけではなく、表2のような動詞、形容詞を含む横の同位関係も考慮に入れなければならないと考えている。そして基本語化は、このような同義語の集合において生じた事象である。

表2

認知範疇	同位範疇（メンバー間は、同義［orレトリック］関係）
妻	家内、女房、嫁、夫人、奥さん、かみさん、ワイフ、愛妻、賢妻、愚妻
大きい	偉大、巨大、遠大、過大、寛大、強大、極大、広大、莫大、膨(厖)大、碩大
改める	改革、改正、改善、改造、改替、改定、改変、改良、変革、修改、改易

認知範疇と同位範疇では、メンバー間は同義、或いはレトリック関係にあり、「家内は妻の一種である」とは言えないが、「家内はつまり妻である」ということができる。もちろんこれは名詞のケースである。動詞、形容詞に関しては、別の解釈を用意しなければならないが、紙幅の関係

で、詳細は別稿に譲る。

　このように近代以降、学校教育の普及と漢字知識の浸透の結果として、言語表現の「一物多名」の要請に応えるべく同義語がカテゴリーごと集結された。多数のメンバーが１つのカテゴリーに集まれば、自ら競合と棲み分けが生じ、中心に移動する語もあれば、周辺に追いやられる語もある。結果として、中心語と周辺語が二分する。概念のカテゴリー化と概念言表の代表例の選定（ラベリング）は、人間の知識構造を反映するもので、情報の検索とアクセスに必要不可欠のものである[10]。

　以上は筆者が考えた基本語化のメカニズムである。

　明治後期からの基本語化現象は、言文一致運動とも歩調を合わせていたかのように見える。筆者は、言文一致は音声言語を文章にすることではなく、書かれた文章を聴覚によって理解可能なものにすることと理解したい。言文一致は文学のみの要請ではなく、科学教育上の必要でもある（つまり、科学を語ることである。主に近代教育機関にて行われた言語活動であり、明治20年代前後、留学帰りの日本人がそれまでのお雇い外国人に取って代わり、日本の大学の教壇に立ち、日本語による講義を実施するようになった）。その場合、学術術語は、新しい学問体系の形成に関係し、叙述語は、事象の言語構築に貢献する。学術用語と叙述語を結びつけなければ近代的言語活動は不可能である。両者とも近代以降の新知識の普及と近代的教育制度の確立に密接な関係がある。

　基本語化に関する研究には、2つの内容が含まれる。1つは、日本語語彙教育のためのもの、特に学習基本語彙のリスト作成；いま1つは、日本語近代語彙史のためのもの、特にサ変動詞語幹、形容動詞の語源記述である。両者を分断させて別々に行うべきではない。

5 基本語化研究における日本語教育の視点

樺島忠夫は、中心語と周辺語、ないし語彙体系について、次のように
述べている[11]。

> 私は、語彙のイメージとしては、（中略）星雲のような、点の集ま
> りがぴったりしていると考えている。星雲が語彙で、これを形作っ
> ている点の1つ1つが語である。なぜ語彙のイメージとして星雲の
> ような点の集まりがぴったりしているかというと、これは語彙の構
> 造が関係するからである。
> 　星雲の中心部に位置する語は、長い年月使われ続けてきた基本的
> な語である。（中略）星雲の周辺部に行くに従って、新しい語、生命
> の短い語が増し、特に周辺部には、生まれてすぐ消える、はかない
> 語が位置する。
> 　語彙の中心部には、日本古来の語、和語が多く位置し、<u>周辺部に
> 行くに従って漢語が多くなっていく</u>。それとともに欧米語系の外来
> 語がまじっていく。（下線は引用者）

樺島忠夫は、使用頻度によって言語生活における語の重要度が計れる
と考えているようである。しかし「語彙の中心部には、日本古来の語、
和語が多く位置し、周辺部に行くに従って漢語が多くなっていく」との
指摘は、幕末明治初期までの時代に限って言えばその通りだったかも知
れないが、田中らの研究によって、明治後期から漢語がまた中心部に食
い込んでいった、つまり使用頻度が高くなったことが明らかになった。
和漢相通によってもたらされた結果である。そして何よりも、異義同位
語に関しては、使用頻度に差があっても重要度はそれによって影響され
るものではない。言い換えれば。使用頻度は、同義語群においてのみ有

効な指標である。ここで留意したいのは、樺島氏の指摘は日本語学習基礎語彙選定の文脈での発言である。樺島氏は、中心部に位置する語が基本的な語で、留学生のための基本語彙を構成するものであると考えている。使用頻度による基本語の認定は、今日でも支配的なアプローチである。しかし一方、国立国語研究所の『分類語彙表』は「これがわれわれの主な関心点であるが、基本語彙設定のための基礎データとしての役割である」とその編集意義を主張している[12]。『分類語彙表』は、32600語の日本語常用語彙を798のグループに分けた（2003年の増補版では、79517語、895グループに増やされた）。それぞれのグループは同義語群をなしているとあるが、完全な同義語ではない。筆者は、『分類語彙表』を基本語彙設定のための基礎データとして使うには、次のような問に答えなければならない。

- 数万の常用語を意味に基づき、分類できるか？
- できるなら、どれくらいの数になるか？
- それぞれのグループ（認知カテゴリー）に、代表例が選定できるか？
- 代表例のリストは、日本語学習基本語彙表になり得るか？

　語が中心へ、或いは周辺へ移動するには、どのような原理が働いているのか。中心語と周辺語の特徴は表3のように纏めることが可能だろう

表3

	中心部に近づくほど	周辺部に近づくほど
習得上の特徴	自然習得	意識的学習
評価的特徴	中性的	個性的
基本度	他の語を言い換えする	他の語に言い換えされる
基本義	他の語を解釈する	他の語に解釈される
非論理的意味	少	多
修辞力	弱	強

か。ひいては、基礎レベルにおける認知カテゴリーの構造、及びその数を解明しなければならず、いずれも日本語教育にとって避けて通れない重要課題である¹³⁾。

6 基本語化研究における近代語彙史の視点

　基本語化現象は、和漢相通を実現するために、在来の和語と新たに用意された漢語が集合する同義語群の発達によって顕在化した。それでは、「和漢相通」は如何に実現したのか。この問いに答えるには、漢語の調達先と和漢の対応関係の確立過程を解明しなければならない。

　和漢相通の資格を獲得した叙述語は、発生的に見れば、主に以下の3種類である。

　　⑴　漢籍から借用するもの；
　　⑵　漢籍語を改造して使うもの；
　　⑶　自ら創作するもの、つまり和製漢語である；

　サ変動詞語幹については、関西大学大学院前期課程学生、楊馳君の日中同形語2486語に対する調査によれば、

　　⑴　漢籍語：解決　勧誘　違反　握手　斡旋　安心　安息　安置
　　　　維持　運動　運用…
　　⑵　漢籍語、但し意味に変化あり：同情　同意　成立　会見　回帰
　　　　改善　開放…
　　⑶　和製漢語：対抗　考慮　促進　液化　分泌　公訴　感光　出勤
　　　　換算　競技　座談…

などの例がある。また、関西大学博士課程の周菁氏の調査によれば、近代以降の形容動詞491語のうち、下記の33語は和製漢語の可能性が大きい。

旺盛　快速　過剰　過敏　頑強　簡単　稀薄　強烈　健康　健全
高級　広範　垂直　正確　正規　正常　単一　単調　低級　低俗
低調　低能　低劣　適度　特有　濃密　敏感　膨（厖）大　優秀
優良　良好　冷酷　矮小…

近代以降のサ変動詞語幹と形容動詞に関する初歩的な調査結果から(1)(2)は多く、(3)は少ないことが判明した。

　和漢の対応関係の確立過程において、英語等の外国語が触媒、或いは接着剤の役割を果たした。大航海時代以降、知識の移動が頻繁かつ大規模に行われるようになった。方言が「国語」となり、他の「国語」と交渉を持つようになる。いずれの国語においても、近代語は単語が訳語の資格を獲得しなければならない。日本語では1つの原語に往々にして和漢両様の訳語が準備された。結果として理解するための和語と表現するための漢語という棲み分けが生じた。英華辞書の影響を強く受けた同時代の英和辞典や高橋五郎編の一連の辞書：『漢英対照 いろは辞典』（1888）、『和漢雅俗 いろは辞典』（1889）、『増訂二版 和漢雅俗 いろは辞典』（1893）、『言海』（1891 完成）などの国語辞書が和漢相通の実現を大いに促したと言えよう。

7　結び

　以上、基本語化のメカニズムについて私見を述べた。また、それに関連して日本語教育と近代語彙史という2つの研究内容についても分析した。日本語教育と近代語彙史はそれぞれ共時的、通時的の研究にあり、実際、両者は別々に行われた傾向がある。例えば田中氏の「優秀」の基本語化を考察した論文では、語源への言及が特になかった。基本語化の研究には、通時的な視点を導入しなければならないと考えている。そう

して初めて全容、つまり、語の発生、和漢相通の実現、競合と棲み分け、代表例としての成立の全過程を明らかにすることができる。

　基本語化の研究には、新しい研究法が必要である。基本語化を被った語の多くは、漢籍語であり、その発生をかなり昔の過去まで遡ることが可能である。しかし使用例があっても、使用頻度が極めて低い。正に周辺語であった。それが活発化したのが、明治20年代以降であった[14]。つまりいわゆる「初出例」はそれほど意味を持っていなかったのである。初出より、使用頻度の変化の時期に注目しなければならない。（下図参照）これまでの語源探索の方法は、使用頻度には無力であったが、大規模なコーパスは、初出例の発見のみならず、使用頻度の変化も捉えることができる。

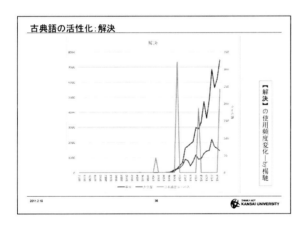

　田中らの一連の研究は、『太陽コーパス』（国立国語研究所、2005年）に負うところが大きい。『太陽コーパス』には、1895～1925年までの言語データが断続的にしか収録されていない。現在『日本語歴史コーパス』（2016）に拡充され、『明六雑誌』（1874-1875）『国民之友』（1887-1888）の言語データも収録の対象となったが、観察されうる現象は主に雑誌『太陽』のデータによることに変わりない。田中氏自身も指摘しているよう

に、「新漢語が特に多いと思われる明治前期の資料は不十分である。したがって現状の雑誌コーパスで基本語化の研究が行える時代は、明治後期から大正期ということになる。」[15]つまり今のコーパスでは基本語化の全容を必ずしも正確に反映していない恐れがある。しかし、「新漢語が特に多いと思われる明治前期の資料」においては、上述のア）類の語がメインであり、必ずしも基本語化とは関係がない。そしてイ）類は、むしろ旧漢語であり、明治後期にかけて淘汰されていく運命にある。前述したように、基本語化は、学術用語の整備を前提としており、学術用語・叙述語の両者の間には時間の順序と因果関係があると考えている。『日本語歴史コーパス』は、現在の規模では基本語化の全容を捉えることができない。さらなる拡張整備が望まれる[16]。

　さらに筆者は、より大きい範囲で基本語化を捉える必要があると考えている。日中韓越という漢字文化圏では、同形語の多くは、基本語化された語である。漢字文化圏の語彙体系近代化においては下記の原則が貫かれた：1）新しい概念は、二字漢語で訳出する；2）既存概念を表す一字語には、同義の二字語を宛がう。多くの場合、1語だけではなく、同義語群が用意されている。

　漢字文化圏の諸言語においては、二字漢語が接点である。一足先に語彙の近代化を完成した日本語は、漢字文化圏の他の言語に大きな影響を与えた。基本語化現象は、日本語だけではなく、中国語、韓国語、ベトナム語にも観察される現象である[17]。漢字文化圏において諸言語間の影響関係を解明すべく、考察の範囲を広げていく必要を感じている。

付記　本発表は、日本学術振興会科学研究費補助金：基盤研究Ｃ「中国語の近代"国語"への進化に関する総合的研究：欧化文法と日本語の影響を中心に」（平成 22-24 年度、研究代表者：沈国威）；基盤研究Ｃ「現代中国語への道程：語彙二字語化における外部誘因、特に日本語の影響に関する研究」（平成 27-29 年度、研究代表者：沈国威）による成果の一部を含んでいる。

ここに拙稿が二編ある。簡単に説明させていただきたい。

ここ数年、語彙体系のあり方についていろいろ思索してきた。認知言語学の範疇論やプロトタイプの問題点を感じ、自分なりの答えを出そうとした。2016 年夏、初歩的な考えを中国延辺大学の学会にて話しをし、その年の日本語学会秋期大会（金沢大学）においてもバージョンアップした内容を発表させていただいた。中国語の論文『基本詞彙與基本詞彙化：詞彙体系的近代重構』はその完成形である。一方、日本語の論文は、日本語学会秋期大会のレジュメをもとに加筆したものである。中国語の論文の略説とお考えいただければ幸いである。本研究は、田中牧郎氏の基本語彙化に関する研究に大いに触発された。また日本語の論文は、大阪大学田野村忠温先生に一方ならぬお世話になった。記して感謝の意を表したい。

注

1）田中牧郎、「「努力する」の定着と「つとめる」の意味変化」（『日本語辞書学の構築』、倉島節尚編、おうふう、2006 年 223-238 頁）；田中牧郎、『近代書き言葉はこうしてできた』（岩波書店、2013 年）；田中牧郎、「近代新漢語の基本語化における既存語との関係 —— 雑誌コーパスによる「拡大」「援助」の事例研究」（『日本語の研究』第 11 巻 2 号、2015 年 68-85 頁）；田中牧郎、「明治後期から大正期に基本語化する語彙」（『日本語語彙へのアプローチ』、斎藤倫明・石井正彦編、おうふう、2015 年 234-250 頁）；田中牧郎、「近代における「期待」の基本語化 —— 雑誌コーパスによる記述」（『国語語彙史の研究 35』、和泉書院、2016 年、1-21 頁）。また日本語学会 2017 年度春季大会において、「近現代「基本語化」現象の記述と理論化 —— 書きことばの叙述語を中心に」と題するワークショップも開催された。

2）田中牧郎「近代雑誌における漢語の基本語化」、日本語学会 2017 年度春季大会予稿集、226 頁。田中氏は一連の研究では、「基本語彙」ではなく、「基本語」というタームを使用しているが、意味するところは同じであろう。ここでは基本語彙とは何かという議論には深入りしない。

3）以上いずれも田中牧郎「近代雑誌における漢語の基本語化」、日本語学会 2017 年度春季大会予稿集、227 頁。紙幅の関係で一部削除あり。

4）田中牧郎「近代雑誌における漢語の基本語化」、日本語学会 2017 年度春季大会予稿集、227 頁。

5）いわゆる科学叙述とは、科学を語ることを指す。主に近代教育機関にて行われた言語活動であり、明治 20 年代前後、留学帰りの日本人がそれまでのお雇い外国人に取って代わり、日本の大学の教壇に立ち、日本語による講義が常態となった。

6）周辺的意味、コロケーションの相違があるとしても後天獲得的なものであろう。

7）沈国威「我們為什麼需要二字詞？」（『東アジア文化交渉研究』第 10 号、2017年 101-118 頁）参照。沈はこの論文では、二字漢語は、新概念の命名、細分化のみならず、「同義異形」の語を多数提供できる特徴があると論じている。

8）沈国威前掲論文：「我們為什麼需要二字詞？」参照。

9）大堀壽夫、『認知言語学』、東京大学出版会、2002 年、35 頁。

10）認知カテゴリーにおいて、プロトタイプを代表例と同一視するには、種々の問題点が存在するが、代表例の実在性は、例えば、「下記の英語 easy; change; big; correct; help; important; excellent; safe の訳語をできるだけ多く書きなさい」のようなアンケート調査によって明らかにすることができる。

11）樺島忠夫『日本語はどう変わるか――語彙と文字』、岩波新書（145）、1981年、13-15 頁。

12）国立国語研究所『分類語彙表』まえがき、秀英出版、1964 年、1 頁。

13）沈国威『漢外詞彙教学新探索』、ユニウス、2014 年。

14）前掲のサ変動詞語幹、形容動詞の多くは、『言海』（1888-1891）をはじめ 19世紀の国語辞書に収録されていない。まだ発展途中にあったからであろう。

15）田中牧郎、「近代新漢語の基本語化における既存語との関係――雑誌コーパスによる「拡大」「援助」の事例研究」、『日本語の研究』第 11 巻 2 号、2015 年 70 頁。

16）グーグルの Ngram Viewer には、日本語がまだ用意されていない。一方中国では、『申報』『大公報』『東方雑誌』等の大型近代新聞、雑誌のコーパスがすでに運用開始しており、韓国語、ベトナム語のコーパスが加わった時点では、より威力が発揮できよう。田野村忠温、「Web コーパスの概念と種類，利用価値――語史研究の情報源としての Web コーパス」、『計量国語学』30 巻 6 号、2016年、326-343 頁参照。

17）沈国威前掲論文「我們為什麼需要二字詞？」参照。

70

古事記と「仮名」

乾　　善　彦

はじめに

　古事記と日本書紀の歌謡が一字一音の借音用法で表音表記されること
について、次のような発言がある。

　　『日本書紀』は中国史書の伝統的な文体にならって本文を漢文体で書
　　き、訓注と歌謡を仮借で書く。『古事記』は日本語の文であることをめ
　　ざして本文を独特の変体漢文で書き、訓注と歌謡を万葉仮名で書く。

　　　　　　　　　　（犬飼隆『木簡による日本語書記史』（2005、笠間書院、136頁））

　　歌謡の書式の意味ですが、両書のうち、日本書紀のほうでは所謂
　　漢語という中国語の中における倭歌であり、あるいは訓注語もそう
　　ですが、外国語である日本語を記すということにおいて倭歌が仮名
　　書きになっているといえます。それに対して古事記のほうは全体が
　　倭文体であって、つまりそもそも本文も歌謡も倭文であり、その倭
　　文体の中での歌謡の仮名書きの意味が問われるべきであって、それ
　　は本文の仮名書きと共に、歌謡の仮名書きは倭文の中でも特に語形
　　の明示というところにあると考えます。

　　　　　　　（毛利正守『萬葉語文研究』第2集「座談会　萬葉学の現状と課題――
　　　　　　『セミナー　万葉の歌人と作品』完結を記念して――」(2006、22頁))

　　たしかに、記紀のあいだには、基本とする表記体が正格の漢文体か和
風の変体漢文体かの差異があり、そこに漢文の方法をならって、歌謡を

71

同様に表音表記するとしても、両者の間には違いのあることが考えられ
てよい。しかし、それが漢文中の日本語表記と変体漢文中の日本語表記
との差異、つまり漢文（中国語文）対変体漢文（日本語文）との差異に
直接つながるのかどうかは、もう一度、考え直してみる必要がある。な
ぜならば、歌謡を一字一音の借音用法で表音表記するという選択は、決
して既定のものではなく、複数の選択肢の中の一つの選択であっただろ
うからである。

　歌謡が一字一音表記されるのは、たしかに漢文における外国語表記の
方法を採用したからである。それは、歌謡がウタわれるものであって、
その語形（日本語としての「かたち」）を保存する必要があったからでだ
ろう。したがって、歌謡と認めないもの（語形の保存が優先しないもの）
は必ずしも、一字一音の表音表記をとらなかった。拙著『日本語書記用
文体の成立基盤』（2017、塙書房）第二章第一節「漢文中のウタ表記の
展開」に示したように、記紀にも風土記にも漢文中にウタと思しきもの
が一字一音の表音表記をとらないものが存する。ウタが一字一音で書か
れるということは、必ずしも自明のことではないのである。

　しかしながら、記紀において歌謡の一字一音表記が、日本語文の語形
を明示するために採用されたことは事実としてあり、それが「表音」の
ためであるからには、毛利が「本文の仮名書きと共に、歌謡の仮名書き
は倭文の中でも特に語形の明示」とはっきりいうように、他の部分の「仮
名書」(一字一音の表音表記)との関係を考える必要がある。

1　記紀の訓注と古事記の「音訓交用」

　記紀ともに歌謡の他に一字一音の表音表記が採用されるものに、訓注
がある。訓注は、日本書紀では「可美、此云⹁于麻時⹂」（神代上）のよ
うに、「○○此云△△」（○○は本文の漢語、△△は対応する訓の一字一

音の表音表記）の形式で、本文の訓が示される。古事記では、「訓レ常云ニ登許ー」（上巻天地初発条）のように、「訓○云△」（○は本文中の文字、△はそれに対応する訓の一字一音の表音表記）の形式をとる。形式こそ異なるが、当然ここには、漢文中の語あるいは文字に対して、日本語の語形をしめそうという積極的な意図がうかがわれる。

　この形式の差は何を意味するのか。毛利正守「日本書紀の漢語と訓注のあり方をめぐって」『萬葉語文研究第一集』（2005、和泉書院）は、日本書紀の訓注の性格について、漢語に対する訓の表示というよりは、和語を漢訳した漢字列に対するものであり、背後には日本語を漢文訳するときに生じたひずみのようなものがあったとする。同様に考えると、日本書紀では「此云（ここには～といふ）」というように、中国語と日本語との違いが強調されるのに対して、古事記では、あくまでも本文の文字に対する和訓、日本語の文字列における日本語の語形表示という形式となっている。このようにみると、歌謡にしても訓注にしても、毛利がいうように、基本となる文体（本稿にいう表記体）の異なりを考える必要があるようにみえる。

　しかし一方で、漢字でもって日本語を書くときの漢字の用法として記紀の表記体をとらえるならば、歌謡にせよ訓注にせよ、形式的には漢字本文に対する一字一音の表音用法の語形表示という点で、かわるところがない。安麻呂が古事記序文において、

　　然、上古之時、言意並朴、敷レ文構レ句、於レ字即難。已因レ訓述者、詞不レ逮レ心。全以レ音連者、事趣更長。是以、今、或一句之中、交ニ用音訓ー、或一事之内、全以レ訓録。

というときの音訓の対立は、漢文中の表音用法と表語用法との対立に対応する。その点で、歌謡と訓注の表音用法は、記紀においてはかわるところがないのである。日本書紀α群が、中国語ネイティブによるとする説（森博達『古代の音韻と日本書紀の成立』（1991、大修館書店））があり、そしてそれに従うならば、日本書紀が訓読を前提しない限りにおい

て、音訓の対立とは無縁であるとする見方もあるかとは思うが、訓注がもしも成立当初からあると考えられるならば、やはり、日本書紀の表記体も（つまり日本において漢文は）音訓の対立によって成り立っているといえよう。

　だとすると、記紀における表音用法の違いはひとつ、古事記では本文中に歌謡や訓注に用いられるのと同様の一字一音の借音用法の表音表記、つまり「音訓交用」が地の文にちいられるという点にあるということになる。地の文の音訓交用こそが、古事記の独自性ということであり、古事記の表記体が、漢文にはあらざるものということのひとつの証となる。

2　漢字仮名まじりの展開

　近年、古事記の音訓交用を考えるうえで興味深い資料が、飛鳥苑池遺跡から出土している。河原寺にかかわる刻書土器で外側縁に以下のようにある（下線部仮名、以下同じ）。

　　川原寺坏莫取若取事有者□□相而和豆良皮牟毛乃叙又母言久皮野□
　　（川原寺の坏、取ることなかれ。もし取る事あらば、□□あひて、わづらはむものぞ。また、母いはくは野□）
　　（橿原考古学研究所附属博物館平成二十六年度秋季特別展・特別陳列「飛鳥宮と難波宮大津宮」図録（2014.10）39頁による。なお、村田右富実「日本語文まで」（『近畿化学工業界』第758号、2016.6）参照）

　文意はやや取りにくいが、この皿を寺から持ち出したものには天罰が下るぞといった内容かとおもわれる。冒頭の訓字表記（漢字の表語用法）につづいて、一字一音の表音用法で「わづらはむものぞ」が記されている。「わづらふ」という語の漢字表記に適当なものが思い浮かばなかったかと思われる。また、「言久皮」の部分は、会話文にかかわるもので、こ

れ以前にも、藤原宮や飛鳥池遺跡から出土している、次のような木簡が
思い合わされる。

- 詔大命乎伊奈止申者
- 頂請申　　使人和□　（藤原宮）

- 世牟止言而
- □本〈止〉飛鳥寺　（飛鳥池遺跡）

　このように、会話文にかかわる仮名表記や日本語の文・文節なり語の
要素が漢字文中に組み込まれたものは、少数ながら存したが、当該の刻
書はその中でも比較的長い文章であり、なによりも、それが散文らしき
ものであり、仮名成立期の資料との関連性が注意される。漢字の表音用
法である仮名と文字としての仮名（平仮名・片仮名）との関係を考える
うえで重要な意味をもつと思われるからである。

　仮名成立期の資料として、かならず取り上げられるのは、次の「有年
申文」といわれる讃岐国司解文の端書文書である。

　　改姓人夾名勘録進上、許礼波奈世无尓加官尓末之多末波牟、見太末
　　不波可利止奈毛於毛不。抑刑大史乃多末比天、定以出賜、以止与可
　　良無　　　有年申
　　（改姓人の夾名、勘録して進上る。これはなせむにか官にましたまは
　　む、見たまふばかりとなもおもふ。抑も刑大史のたまひて定めて以
　　て出だし賜ふ、いとよからむ。有年）

　この文書は、草仮名の遺品としてとらえられ、文字としての仮名成立
期の過渡的なものと考えられているが、その是非はともかく、先にみた
飛鳥苑池遺跡出土の刻書とよく似た体裁であり、漢文的な訓字のあとに
仮名の文が、訓字を交えながら書きつがれている。同様の資料として、

　　無量授如来にも　たて／　いねも　ころに　ま□□や　（当時檜扇墨書）
　　雲上人は見奈え参之太布末之久はへ太／布奈利　昨令寺主取消息了
　　（円珍病中言上書）

などをあげることができる。これらは、初期仮名資料として仮名の成立

とかかわって論じられてきた。ただ、ここでは古事記や万葉集のように
表音用法が表語用法に交じって用いられる点で、よく似た状況ではある
が、古事記の仮名や万葉集の仮名が、表語用法と意図的に交用されてい
る（つまり、音訓の区別がはっきりしていて、なにを仮名書するかが強
く意識されているように見える）のに対して、これらは自然に音訓が交
用されている感が強い。どちらかというと、仮名に交じって、表語用法
（訓の用法）が含まれるというのに近いとみられるところもある。

　築島裕『日本語の世界　5　仮名』（1981、中央公論社）において、次
のように述べる。

　　十世紀以降の平仮名文献について、漢字と平仮名との併用について
　　の問題が注意される。平仮名文には、当初から二種類のものがあっ
　　た。一つは、殆ど平仮名専用の文で、漢字は極く少数であるもので
　　あり、他の一つは、漢文又は変体漢文と交用されているもので、当
　　然のことながら、漢字を多く含む。近時、この方面の研究も現れたが、
　　前者について注目したものが多く、全体として、この両種を立てる
　　ことや、漢字との交用については、あまり言及がない。平仮名中心
　　の文の中では、平安中期から平安末期に下るにつれて、交用される
　　漢字が次第に多くなって行くことが看取されるが、それがどのよう
　　な基準で拡大されて行ったのか、又、それがどんな意味を持ってい
　　るのかということなどは、今後の検討に俟たれる点が多い。（157頁）
ウタを中心としてほぼ仮名書専用に近い資料が注目される中で、漢字
を多く含む資料における仮名の位置付けが、今後の課題となるというも
のである。有年申文もその他の資料も、漢字仮名交じりというよりは、
仮名漢字交じりに近い様相を呈している。

　築島が今後の課題としたことの一つの問題として、こんなことも考え
られよう。実用の仮名が音訓を意識しなかったから、漢文中の平仮名が
音訓を交用する（表語用法と表音用法とが交る）のか、音訓を意識する
必要がなくなったから、漢文中に平仮名も交じりえたのかと。

3 古事記の仮名と実用の仮名

　古事記の音訓交用については、以前に、前掲拙著『日本語書記用文体の成立基盤』（2017、塙書房）第三章　古事記の表記体と「ことば」において、次のように論じたことがある。

　　①古事記本文中の仮名書は会話文に多く、「ことばのかたち」を保存しようとする傾向が強いこと。それは、訓注や以音注についてもいえる。

　　②会話文でない場合は、カタリのことばとの関係で考えることができ、やはり、これも訓注や以音注についてもいえる。さらに、日本書紀の訓注や古訓の特殊な訓みもこれと同列に扱うことができる。

　　③人名や地名といった固有名の仮名も、基本的には古事記全体の仮名との関係が強く、日本書紀は固有名まで、漢文訳しようとする傾向があるのと対照的である。

　①については、新出の飛鳥苑池遺跡出土土器の刻書の中に会話部分にあたる箇所のあること、また、既出の木簡にも会話部分にかかわるものが多いこと、さらにいえば、後世の文書類では、会話部分に宣命書きが採用され、変体漢文部分と差異化がはかられているものがあること（拙稿「『平安遺文』の宣命書き資料」（女子大文学国文篇53号、2002.3））など、会話部分に地の文との差異化をもとめる書き様が時代を通じてみとめられる。書記用の表記体において、口頭語部分をそのままに書く、あるいは漢文ないし変体漢文という、まさに書くためのことばの部分との違いを表現する、そのような工夫が求められたものと考えられる。つまり、音（こえ）を、訓（文字）と区別する意識がそこにうかがえるのである。

　②についていえば、①の延長上にとらえることができる。散文中の仮名書部分は、基本的にカタリのことばであったと考えられるが、それは

とりもなおさず、口頭語に近いものであったと想像される。伝承の時間的な幅を考えるならば、古いことばをその中に残すようなものであったことが考えられるが、やはり、書記される「文章」とはことなると意識されていたものと思われる。これも、後世のカタリの書記用文体である和漢混淆文が口頭語的なことばを文体の基調において漢文訓読のことばでもって表現しようとしたのと、通じるところがある。カタリのことばが正倉院文書の中の日用の文書や文書木簡に求めえないのは、資料の性格上しかたないが、たとえば、正倉院仮名文書が変体漢文文書を下敷きにしたものであるという指摘（奥村悦三『古代日本語をよむ』（2017、和泉書院）ほか）は、口頭語の上に書記用文体である変体漢文がのっかったものとして理解できよう。③については、今は触れるところがない。

　以上のように見たとき、古事記の仮名はあくまでも、古事記という表記体全体に、音訓を意識して存在したものであるといえるが、それは、当時の、漢字を使って日本語を書くときのひとつの達成であったと評価できるものであった。日本書紀、万葉集をあわせて、それが達成の種々相として理解できる。そこに、古事記の仮名、日本書紀の仮名、万葉集の仮名をそれぞれ個別に扱う意味がある。

　しかし一方で、日用のことばを記したと思しい漢字仮名交じりの出土資料は、形式こそ、古事記に共通する点があるが、そして、古事記の表記体はそれらを基盤として成立していると考えられるのだが、やはり質的な違いを見逃すことはできない。自然なかたちで漢字字形と仮名字形とが融合しているように見える。これらでは漢字の音訓の差異はそれほど意識されていなかったものと思われるのである。

　ウタが書かれた木簡に用いられる仮名については、やはり以前に、その特徴が万葉集などの仮名とは異なることを述べたことがある（前掲拙著第二章第二節）。その中でとくに、後代の平仮名との関係で注意されるのが、清濁の書き分けにルーズな点があるのと、借音の仮名に借訓の仮

名をまじえることである。それは、後代の仮名（平仮名・片仮名）の特徴に共通するからである。古事記に意識された音訓の対立は、ウタが書かれた木簡の仮名には当てはまらないということでもある。

　だとすると、木簡のウタの仮名書がそうであったように、刻書土器の散文における漢字仮名交じりも、それほど音訓を意識したものではなかった可能性も考えなければならないだろう。

4　平仮名へ

　平仮名の成立について、近年の研究動向をふまえて、いくつかの研究集会がもたれ、ある一定の方向性のようなものが見えてきている（内田賢徳・乾善彦編『万葉仮名と平仮名　その連続・不連続』（2019、三省堂）および拙稿「万葉集と「仮名」」（美夫君志 98 号、2019.4）参照）。『万葉仮名と平仮名　その連続・不連続』については、矢田勉が「今更の感なきにしもあらず」というように（「学会通信　漢字之窓」1-1 書評（2019.6、日本漢字学会））、年来の課題であるが、そして共通理解が定まっているわけでもないが、ここではっきりしたことは、ウタの仮名書と日用文書の仮名書と、築島先掲書の引用のように、仮名の成立過程には、さまざまの要素があり、資料の性格ともかかわる。本稿では、その前身となる古代漢字専用時代の仮名について、前節に見てきたように、ウタでない仮名書の資料に口頭語的な性格を見ようとしてきたのである。

　ウタを書記する、あるいは歌集を編纂するといった場合、もっぱら仮名書が採用されるとするならば、漢字の形からの離脱を志向する契機は、ほとんどないといってよい。すべてが仮名であるかぎり、漢字との差異を求める必要はないからである。だとすると、古今集が仮名書されたのは時代の要請であっても、仮名という文字そのものの要請であったかどうかは疑問である。『万葉仮名と平仮名　その連続・不連続』の中で中山

陽介「平仮名成立の条件」が指摘するように、歌合などのような場で、早く大量に書くために草書体を採用するということも考えられてもよいが、そのようなものを臨時ではなく、公の歌集としての勅撰集の表記体として採用したことをどのように理解すればいいのか、課題は残る（今野真二編『秋萩帖の総合的研究』（2018、勉誠出版）に展開されたような、美的側面からの考察が必要であろう）。むしろ、日用文書のように漢字と仮名とが交用される場面において、両者を形態的に区別する要請が働くのは極めて自然である。宣命書きもその方法のひとつとしてあった。ここでの対立は、音訓の対立ではなく、表意表音の対立であったからである（音訓の対立から表意表音の対立への移行については、後代の万葉集の用字法分類と関係づけて考えるところがあるが、これについては論を改める）。

　だとするならば、実は、平仮名への契機も場によって異なっていたことが考えうる。つまり、個別の要因によって個別に漢字の形からの離脱が生じていたことも考えられてよい。ただし、そのように考えるならば、「平仮名」という語（ターム）の問題が改めて議論されなくてはならない。山内洋一郎「ことば「平仮名」の出現と仮名手本」（国語国文80-2、2011.2）が「平仮名」をいわゆる「いろは仮名」に限定して用いるべきであると提言したことは、「語」の問題としてとらえることで、ひとつの方向を示したものとして評価される。しかし一方で、これまでの通常の認識がそうであるように、漢字の表音用法としての仮名に対立する文字としての仮名を措定するとき、文字としての「仮名」に、互いに対立する「平仮名」と「片仮名」を考えるのも、（字体としては混沌としていた時期があったにせよ、そして未分化な時期が想定しうるかもしれないにせよ）ひとつのありかたとして考えうる。この両者の成立もまた、個別の場を想定する必要があるが、従来、都市伝説のように、ゆるやかな字体の変化によって、真仮名→（草体化）→草仮名→平仮名、真仮名→（省画）→片仮名といった成立の方向性がうたわれてきたことは、もはや成

り立たないことも事実としてある。当面は、個別の環境における、文字としての仮名の実態を正確に把握するしかない。

　そのような関心から、近時、記紀万葉の仮名についてその性格を考えてきた（拙稿「『日本書紀』と「仮名」」（大美和 136 号、2018.12）、「万葉集と「仮名」」（美夫君志 98 号、2019.4））。日本書紀の歌謡や訓注の仮名は、漢文中にあることとで、「仮名」とは呼べないけれど、古事記と日本書紀との間で、漢字の用法としてはかわることのないことを指摘し、万葉集の仮名のうち、仮名書歌巻における仮名も、訓字主体歌巻の仮名とやはり原理的にはかわるところがないことを指摘した。つまり、万葉集の仮名も漢文中の漢字の表音用法であり、一字一音の借音仮名だけを見るとき、これも音訓の対立によって仮名であることが保証されているのであって、記紀の仮名と原理的にはかわるところがないと考えられる。そしてそれは、音訓の対立を捨象したところに成立する日用の仮名、平仮名につながるような仮名とは、性格を異にすると考えられるのである。記紀万葉において基本的に漢文中の仮名は、あくまで漢文を書くときの漢字の一用法にすぎず、文字としての仮名とは一線を画すべきものなのである。本稿にいう「古事記の仮名」はその意味での「仮名」である。

　ただし、それらが文字としての仮名とまったく別物であるかといえば、かならずしもそうとはいいきれない面がある。以前から主張している「基層の仮名」の存在である。もちろんこれは、仮名の成立を考えるための作業仮説にすぎないけれど、どの時代にも共通する字母がほぼ全音節にわたっていることは、そこに何かしらの連続性をみとめるべきであろう。

まとめにかえて

　これまでに、東西学術研究所の言語接触研究班で、日本語の表記体について、以下のような論考で、漢文訓読という装置が日本語の表記を可能

にし、和漢混淆文を成立させる基盤となったことを明らかにしてきた。

　　漢文訓読という言語接触　2016.8　吾妻重二編『文化交渉学のパー
　　スペクティブ──ICIS 国際シンポジウム論文集』（関西大学出版部）
　　表記体から文体へ　2017.1　内田慶市編『周縁アプローチによる東
　　西言語文化接触の研究とアーカイヴスの構築』（関西大学東西学術研
　　究所研究叢書　創刊号　言語接触研究班）

　古事記の表記体が、漢文訓読によってえられた字訓によって成り立っ
ていることはうたがいない（拙稿「古事記の文章法と表記」（萬葉語文研
究第9集、2013.10）、拙著『日本語書記用文体の成立基盤』（2017、塙
書房）第三章）。漢文訓読は、日本書紀をよむ原理でもあった。日本書紀
の四字熟語の和訓には、日本書紀の漢語表記から直接導かれないものが
多くある。そこにはこうよむべきカタリのことばの存在があったにちが
いない。そしてそれは、古事記と重なるものも多い。古事記は音訓交用
で書くことによってそれを具現化した点が異なる。それが漢文と変体漢
文との差異でもある。それはまた、万葉集におけるウタとそれ以外の部
分との差異でもある。そのように記紀万葉をとらえることができるなら
ば、これらは優れて漢文の一変位であり、そこに用いられる仮名は、漢
文中の音訓の対立に過ぎず、日本語の音節を専一にあらわす文字として
の「仮名」とは一線を画すべき存在であるということになる。はたして
この議論が正鵠を射たものか、心もとない部分もある。しかし、このよ
うにとらえてこそ、次代の、文字としての仮名の成立の本質が見えてく
ると考える。そこには、「万葉仮名」との不連続面とともに、漢字字体か
らの乖離へ向かう共通の基盤がある。

『北京官話全編』の時代性と地域性
—— 教科書としてのあり方をめぐって ——

奥　村　佳代子

1　はじめに

　関西大学鱒澤文庫所蔵『北京官話全編』は、19世紀末から20世紀の初期にかけて外交官として活躍した深澤暹（1876-1944）の著作であり、全378編からなる。この大著は、出版されることがないまま現在に至っているが、1900年前後の話し言葉として記述された言葉がどのような語彙や語法であったのか、また、当時の人々が同時代の事件や出来事に対してどのような気持ちを抱いていたのか、歴史や文化をどのように認識していたのか、あるいは当時の日常生活がいかなるものであったのかを知る手がかりを与えてくれる資料である。『北京官話全編』に関する先行研究として、関西大学東西学術研究所資料集刊40-3『北京官話全編の研究』（下巻）があり、北京官話の資料としての今後の更なる活用が期待される。

　本論では、『北京官話全編』が深澤暹の経歴とどのような関係にあるのかについて、内容の時代性と地域性の二面から初歩的な調査を行い、北京官話を学ぶための教科書としての側面に特に留意し、考察を試みたい。

2 『北京官話全編』とその時代

　『北京官話全編』という書名の由来は、深澤暹の習得した中国語と北京滞在がベースになっているために、「北京官話」という呼称が冠せられたと考えられる。では、深澤暹と北京、中国との関係がどのようなものであったのかを、『深澤暹関係文書目録』『続対支回顧録』『近現代日本人物史料情報辞典』4 の記述を基に見ていきたい。

「深澤暹経歴[1)]」

1876 年（明治9）4 月 28 日東京に生まれる。

1893 年（明治 26）先に英語を専門的に学んだが、その後中国語の学習を開始し、語学校で 1 年間学ぶ。

1896 年（明治 29）外務省留学生試験に合格し、北京に 2 年余り留学する。

1898 年（明治 31）外務省書記生として上海領事館へ赴く。

1899 年（明治 32）杭州に派遣される。

1900 年（明治 33）上海領事館に勤務する。

1904 年（明治 37）メキシコ公使館に勤務する。

1905 年（明治 38）サンフランシスコに勤務する。

1907 年（明治 40）漢口を経て日本に帰国する。

1908 年（明治 41）奉天で 4 年にわたり勤務する。

1912 年（大正1）杭州領事館に勤務する。

1914 年（大正3）副領事として杭州領事館に勤務後、長沙へ赴く。

1916 年（大正5）吉林省に勤務する。

1918 年（大正7）牛荘、汕頭にて勤務する。

1919 年（大正8）北京公使館に勤務する。

1921 年（大正 10）領事として南京領事館に勤務する。

1923 年（大正 12）吉林領事館に勤務する。

1925 年（大正 14）総領事として吉林領事館に勤務する。

1928 年（昭和 3）奉天領事館に嘱託として勤務する。

1936 年（昭和 11）日本に帰国する。

1944 年（昭和 19）逝去。

　上に示したように、深澤暹が北京に確実に長期滞在したのは、1896 年から 1898 年の留学期間と、1919 年からの北京公使館での勤務期間である。瀋陽や吉林、さらには上海や杭州でも長期勤務した経験があるとはいえ、留学前の 1 年間に日本で受けたのは北京官話の授業であっただろうゆえ、その後の北京留学と含めて、深澤暹が習得した中国語は北京官話が基礎となっていると言って良いだろう。

　『北京官話全編』は、しかし、深澤暹の中国留学時代すなわち 1898 年までの期間に培われた能力や経験のみに依拠して書かれた書物ではない。というのも、この中に登場する人物やエピソードには、明らかに 1898 年以降のものが含まれているからである。また、1919 年から 1921 年に南京に転勤するまでの北京勤務中のエピソードのみが語られているわけでもない。

　次に、同時代の出来事として語られている内容をいくつか取り上げ、その時代が一時期に止まらないことを見ていきたい。

第 39 章

"我本要照相來着。因為現在照相館太多了，並且照的都那麼模模糊的。所以要畫一個。"

"這不要緊。您是不知道，現在照相館有極好的。"

"您説的準是琉璃廠的照相館罷？"

"琉璃廠照的固然是好，四牌樓隆福寺廟裏廟外，好幾家照相館都不錯。再不然，東交民巷和霞公府都有東洋人開的照相館，照的極好，

比琉璃強多了，並且價値不大。"

"交民巷的照相館我知道，那霞公府的在那兒？我怎麼没瞧見？"

"您是没留神，就在霞公府中間兒，路南的大門裏頭。那門口兒掛着招
牌，還掛着幾張照相片兒，極容易找。您要是願意照，我同您去。那
個東洋人和我相好，我若是同您去，大概比別人還便宜點兒。"

　ここでは、最初は肖像写真を撮ってもらおうと思っていたが、写真館
が増加したわりには、どこもぼんやりとした写りなので肖像画を描いても
らうことにしたという人に対し、もう一方の人物が、最近はかなり良い写
真館もあると告げ、いくつか挙げる中で、とりわけ良い写真館として「霞
公府の日本人がやっていて、とても腕が良い上に値段も安い」写真館が
登場する。写真館の名前こそ明らかにされてはいないが、霞公府の有名
な写真館と言えば、おそらく「山本照像館」とみて間違いないだろう。

　山本照像館は、岡山県出身の山本讚七郎（1855-1943）が北京の霞公
府に開いた写真館である。山本讚七郎が中国行きを開始してからの経歴
は以下のように整理することができるだろう[2]。

> 1897 年（明治 30）最初の北京渡航、北京城内外を撮影する。
> 1898 年（明治 32）-1901 年（明治 34）この間に北京霞公府で山本照
> 像館を開店する[3]。
> 1904 年（明治 37）頤和園で西太后を撮影する。
> 1906 年（明治 39）関野貞の中国古建築・遺跡調査隊に参加する。
> 1911 年（明治 44）日本に帰国。山本照像館は霞公府から移転し、長
> 男である山本明によって営業されたが、1930 年には長男も帰国し東
> 京に山本写真館を開店する。

　山本讚七郎による最初の北京渡航が行われた 1897 年は、深澤暹の北京
留学中に当たるが、当時すでに霞公府に写真館を開店していたと断定す

ることができないため、上に挙げた『北京官話全編』第39章は、この時
期の北京のエピソードではない可能性がある。先行研究を総合的に見て
言えることはむしろ山本照像館は1898年から遅くとも1901年の間に営
業を開始し、1911年に山本讃七郎が日本に帰るまで霞公府に店舗を構え
ていたということであるから、先に確認した深澤暹の経歴の以下の期間
に相当する。

　　1900年（明治33）上海領事館に勤務する。
　　1904年（明治37）メキシコ公使館に勤務する。
　　1905年（明治38）サンフランシスコに勤務する。
　　1907年（明治40）漢口を経て日本に帰国する。
　　1908年（明治41）奉天で4年にわたり勤務する。

　もちろん北京にいなくても北京の情報を手に入れることは可能ではあ
るが、この間に深澤暹が北京に滞在していた可能性があることを視野に
入れておくべきだろう。第39章の会話中、「（霞公府の写真館を）どうし
て目にしていないのだろう」と訝る相手に対し、「注意していないからだ
よ」「あの日本人は私の知り合いだから、私が一緒に行ったら、たぶん他
の人よりも安くしてもらえるよ」と答えている。このやり取りからは、
写真館が出来て間もない頃なのかある程度時間が経過した頃なのかを判
断することは難しいため、山本照像館が営業されていた1901年から1911
年までのエピソードということになるだろう。

　ところで、義和団事件の頃、二人はそれぞれ中国に滞在していた。
　深澤暹は、先の年表に示したように、その頃杭州から上海に転勤して
いたのだが、『続対支回顧録』によると、義和団事件における功績により
勲位を授けられたという。『続対支回顧録』では次のように記述されてい
る[4]。

翌三十二年十二月杭州在勤に轉じ、更に翌三十三年六月再び上海總領事館に呼戻されて日清通商条約改定の交渉事務に與った。當時君が上海に轉任した後で團匪事件が起り、杭州に於てもその餘波を受けて擾亂が勃發せんとしたので、時の領事若松菟三郎は英國領事と相談の結果、城内に留るを危險とし…

君は三十五年十二月、北清事變中の功に依り勳八等白色桐葉章竝に金圓を賜い、三十七年墨西哥公使館在勤に轉じ…

　また、山本讚七郎は義和団事件の頃北京で活躍し、それによってより広くその名を知られることとなった。『日本写真界の物故功労者顕彰録』に次のように記述されている。

　　…後北京に渡り開業。北清事変に万難を排して撮影し勇名を謳わる。

　山本讚七郎は、北京籠城を讚えられただけでなく、その後の北京の様子を撮影したことによって名声を得た。その時の活躍ぶりは、遊佐2013において先行研究も含めて詳細に調査されており、本稿で新たに付け足すことは何もないが、ひとつだけ小さな発見を紹介したい。山本讚七郎は、アルフォンソ・ファビエ（Alphonse Favier, 樊国梁、1837-1905）の肖像写真を1903年に撮影していたことが、ローマのウルバニアナ大学プロパガンダ・フィーデに所蔵されている写真から確認することができる。アルフォンソ・ファビエはフランス出身で、義和団事件当時は北京北堂で司教を務めていた。当時は多数のキリスト教徒が義和団によって殺害され、またキリスト教による中国に対する残虐行為もあったとされる。かたやアルフォンス・ファビエはその渦中の人として、かたや山本讚七郎は在華邦人としてその時代を生き抜いた。北京でそれぞれに知名度の高いふたりに接点があったことは何も意外なことではないが、当時

67歳の司教の表情を鮮明に捉えた肖像写真は、山本讃七郎の撮影技術の高さを十分に証明する1枚であると言えるだろう[5]。

『北京官話全編』には義和団事件が話題にのぼっている会話場面がある。
次に挙げる第377章は、まずは一方が最近何か変わった出来事は起こっていないかを尋ね、もう一方がまた"拳匪"の騒ぎが発生している場所があるらしいと答えるところから始まる。

第377章
"您這兩天聽見甚麼新異的事情沒有？"
"我聽見外頭又有鬧拳匪的地方兒。"
"不錯，我也聽人這麼説。我想這些人，也不知是為甚麼，偏愛作這宗邪事，在那拳匪，自己還信口說是仙家法術，槍礮不怕招的那些愚民，大家也都信是仙人降世。於是乎就鬧起事來了。他們也不想一想那兒有這樣兒事呢。"

このように法術を信じることの弊害を述べ、次のように続ける。

"庚子那年，北方拳匪鬧的有多麼利害，及至用礮一打他血肉橫飛他也是死有幾個能逃活命的呢。這如今外頭又這項人真是自己冤自己。休説是礮就用槍打他他也是避不了。他有甚麼仙法呀。還有人説呢，他們是邪神附體並不是憑空造謡言。據我想説這話的必是信拳匪的。"

"庚子那年，北方拳匪鬧的有多麼利害"は、"庚子事變"すなわち義和団事件のことであり、それが起こった時を"庚子那年"と示し、"去年"や"前年"という語を使っていない。これは、"庚子"という語を挙げることによって事件を特定し、また何年か前の出来事であるという物理的な距離をも表していると言えるだろう。そして、今回の出来事は続く会

話に見られるように、まだ大きな事件には発展していないため、具体的にどの出来事なのかを特定することは難しい[6]。

　義和団事件当時、深澤暹が北京勤務でなかったことは先述したとおりだが、第377章の出来事のモデルは、その後1904年のメキシコ勤務と1905年のサンフランシスコ勤務の年を除いた期間の出来事ということになる。第377章の会話の続きを見ると、さらに期間を絞ることが可能である。

　　　"他們這些人也真可恨，凡這些燒香拜會，學習仙人拳的事，刻下憲禁
　　　很嚴，到處都有告示，他們竟敢不遵，真是糊塗萬分了。"
　　　"這也是氣運使然實在無法的事情。俗們今兒把這些閒事暫且掀開，不
　　　必這麼心心忐忑的。你今兒既來了，先商量俗們的事情要緊，今兒俗
　　　們就在這兒閒坐閒玩哪，還是找個地方兒去閒茶悶酒呢。"
　　　"我想俗們出城，好不好？"
　　　"那麼俗們今兒出城，您不過是閒溜達，沒有甚麼買的。"
　　　"我也有點兒要買的，打算到松竹齋買一閘小信封兒，再到鮮魚口兒買
　　　點兒海參。"
　　　"那好極了。我想俗們回來買完了東西，就在肉市碎葫蘆兒飲一飲。"

　二人は法術による社会情勢に対する不安はいったん脇へ置き、せっかくだから城壁の外に出て遊びに行こうということになる。そこで登場する"鮮魚口兒""肉市"は北京の地名であり、"松竹齋""碎葫蘆兒"はそれぞれ北京に実在した商店である[7]。『北京官話全編』が深澤暹の中国滞在が基礎になって成立したものであると考えるならば、この会話は北京公使館勤務期間の1919年からの2、3年の情報が元になっていると考えられるだろう。

　また、1919年に近い時期を反映しているものとして次の会話を挙げることができる。

第 372 章

"王順。"

"喳。"

"你回頭吃完早飯兒，到安定門大街大興縣衙門北邊兒那個新開的鞋鋪裡，給定兩雙鞋去。"

"是。那兒有鞋鋪麼？奴才上月還打那麼過来着，沒瞧見有鞋舖，是多嗇開的？"

"就是新近這個月初間開的。"

"請示老爺、是甚麼字號？"

"是步雲齋、這個舖子很容易找。"

　ここでは従僕の王順に安定門街大興に新しく開店した"步雲齋"という靴屋が登場する。"步雲齋"という名前の靴屋は、記録によると実在していたことが確認できる。

　步雲齋　驢馬市大街南三四九九　正陽門外青雲閣南二三零一　西安門外路北　正陽門外鮮魚口（徐珂編纂『老北京実用指南』上冊 485 頁，一七「靴鞋庄」＊ 1920 年初版）

　『老北京実用指南』には複数の住所が挙げられているが、ふたつめに挙げられている「青雲閣」は 1918 年に竣工の商業娯楽施設であることから、1920 年当時"步雲齋"が複数の店舗を展開する靴屋であったことを示しており、第 372 章の住所と完全に一致してはいないが、店舗は異なっていたとしても同じ"步雲齋"を指す有力な手がかりとなる記録であると考えられる。

　ここではいくつかのエピソードを取り上げ、話題に上っている事柄の新しいものは 1919 年頃であることを指摘した。では、古いものはどこま

で遡れるのかというと、山本照像館をひとつの手がかりとして、1901 年を候補として挙げることができる。山本照像館は 1901 年から 1911 年まで北京に存在していたが、開業後 10 年が経過してからようやく話題に上るのは、やや時機を逸している。印象は根拠にはならないが、初期の山本照像館である方が自然であることは否めない[8]。

3 『北京官話全編』の舞台となった都市

　『北京官話全編』という書名からは、すべての会話が北京で行われていると単純に予測することができるが、舞台が北京ではないことが明らかな会話も少数ながら含まれている。また、話題に上る地域はさらに範囲が広い。ここでは、主な会話の舞台と、特によく話題に上る地域について見ておきたい。

3-1　北京

　用いられた中国語が北京官話であり、深澤暹の中国語学習歴が北京を中心に成り立っていたであろうことを考慮すれば、舞台となった都市として北京が第一に考えられるだろう。会話の中に登場し、北京が舞台であることを示しうる地名や固有名を以下の一覧に示す[9]。

章	地名・名詞	章	地名・名詞
4	孝順胡同	16	前門外頭　京裏
5	衚衕兒 普済庵兒	18	前門
6	東華門	19	我卻沒上遠處去就逛了一遭西山大覺寺
10	前門		
12	四牌樓	21	西域劈柴胡同
13	煤炸兒胡同	23	新近聽説琉璃廠有一個算命的先生
14	我們衚衕兒	24	紫竹林
15	大柵欄兒	25	前門外頭

章	地名・名詞	章	地名・名詞
28	我們這衚衕口兒上有一個帳房舖	134	頭條胡同 前門 瑞林祥
30	東單牌樓裱褙胡同	135	海岱門
31	您在張家口住了幾天離京還有幾站	138	東便門 北京
32	十條胡同	139	琉璃廠
33	金臺書院	142	四牌樓
34	泰華 長安街	146	齊化門
36	琉璃廠書舖	147	四牌樓
39	霞公府	152	京裏
40	四牌樓 北池子 景山	153	琉璃廠
41	朝陽門裏頭（齊化門）竹竿巷兒 妙峰山	154	箭廠兒胡同
		157	西直門
43	北義和 單牌樓	158	騣市胡同 燈市口兒
44	朝陽閣 前門東門洞兒 單牌樓	159	順治門 菜市口
46	鎮江胡同	160	石井兒胡同 單牌樓 觀音寺胡同
49	八條胡同	174	致美齋 四牌樓 首飾樓（英華齋）
51	二閘 前門 大柵欄	175	就像我家那花園子比上南邊的花園子實在是天地懸隔了
52	二閘 海岱門		
54	京裏	177	四牌樓 四條胡同
59	崇文門	179	隆福寺廟
60	琉璃廠 白雲觀	180	西單牌樓 前門
63	前門外頭 二閘 海岱們 東便門	181	前門
67	金臺書院	183	金魚胡同 北池子
69	西直門	189	二閘
70	廣興園	190	前門 海岱門 巾帽胡同
73	京報	191	七條胡同
74	四牌樓 隆福寺	192	我們胡同兒
80	七條胡同 齊化門	194	琉璃廠
81	琉璃廠	200	老弟是幾兒到的。我是前兒到的京。
82	齊化門大街 我們這個胡同兒	203	八里莊兒
86	前門	204	前門 琉璃廠
88	前門 魏家胡同	205	我們相好的，他一出京的時候兒。
92	回京 京裏	208	四牌樓 頭條衚衕
95	海岱門	210	沒送回京來。今年我大舅進京引見。
96	前門	212	今來的天時雖然是北方頗有南邊的光景。琉璃廠
97	琉璃廠		
99	交民巷	213	海岱門
101	單牌樓	214	西四牌樓 京裏雖然好，然而還不如上海。
102	海岱門		
109	繩匠胡同 東交民巷	215	我從京裏是初四起的身。
117	四牌樓	216	蘇州胡同
124	安定門 四牌樓	217	前門老爺廟
126	前門 天橋兒	218	從京到天津
128	北新橋兒	221	偺們京裏叫洋綢他們南邊就叫湖綢又叫綢紗
129	頂銀胡同		
131	前門	226	解進京來 不解進京來了
132	我們本胡同兒 您胡同兒	231	齊化門 平則門

章	地名・名詞	章	地名・名詞
232	蘿圈胡同	302	府學胡同
239	前門 春台班子裏又打上海新來了倆好角色	303	同福館 阜城園 平則門 四牌樓 西華門 齊化門
242	齊化門 四牌樓	306	胡同兒
244	前門	312	哈達門 前門
245	前門	313	前門
247	三條胡同	314	僭們京裡的人住的離海太遠
248	僭們北京城	315	復興樓 胡同兒 前門外頭新開的瑞蚨祥
249	智化寺		
250	齊化門	318	僭們京裡
251	京裡	319	單牌樓
252	東直門	323	四牌樓 裕順和
253	燈市口兒	325	前門 荷包巷子 交民巷 大如意門
254	船板胡同 甎塔兒胡同	328	前門
255	衚衕兒 小胡同兒	329	我昨兒也出城了到了西山
258	臥佛寺	331	永勝奎 西華門
261	四牌樓	332	猴兒胡同 前門
264	三條胡同	335	齊化門
265	單牌樓	336	德勝門 貝子花園 可園
269	三條胡同	344	單牌樓
271	北京城裡城外 大鐘寺	347	前門 鮮魚口 大柵欄兒 荷包巷子
275	釣餌胡同 二閘 前門	348	您是幾時回來的 我是二十三那天到的京
276	京		
277	齊化門	349	前門外頭 東鴻泰茶館 四牌樓
278	前門	351	羊肉胡同
282	觀音寺胡同 法華寺	356	京東
286	前門 瑞林祥洋貨店	357	孝順胡同
288	碧雲寺 僭們北方	359	胡同兒
290	胡同	361	前門外頭
291	隆福寺	363	前門 交民巷
293	粉子胡同 隆福寺	365	四牌樓
294	灯市口兒	369	海岱門大街 小胡同兒 前門外頭
296	海岱門 四條胡同 船板胡同	371	前門
297	胡同	372	安定門大街 步雲齋
298	柵欄兒	374	四牌樓
299	京	377	松竹齋 鮮魚口兒
300	京西 臥佛寺	378	絨線兒胡同
301	福德庵兒		

　上の表に示したように、わかりやすい形で地名や店名そのものが北京と関係しているものだけでも全378章の半分近くに迫る数を確認することができる。これは、この書名と深澤暹の中国語習得の過程である北京留学という経歴から、当然の結果であるといえる。

3-2 上海

　第91章と第337章は、上海での会話であることが明らかであるが、上海語が用いられているわけではなく、北京を舞台にした会話と同じ言葉づかいである。

　第91章
"您上那兒去了。"
"我上碼頭上起貨去了。"
"到的都是甚麼貨呀。"
"都是洋貨。"
"這一回的貨有多少。"
"這回的貨來的不少。"
"您這個貨起下來，是存在棧裏還是就往京裏發呢。"
"打算就往京裏發。"
"您要是往京裏發，大概水路沒甚麼船，還得起早。"

　上の会話では、"往京裏發"とあるように、北京へ荷物を送ると話していることから、北京以外の港を持つ地域が舞台となっているのは明らかである[10]。

　第337章
"現在桃花開了，您沒到龍華看一看去嗎？"
"我打算要去，但是這兩天事情忙極了，所沒工夫兒去。"
"您要是這時候兒不去，恐怕再緩一天兩天的，花落了，可就看不着了。"
"是的。您去過沒有？"
"去過好幾盪了。昨兒我還帶着孩子們去逛了一回呢。瞧見滿地的花瓣兒，已經有點兒謝上來了。您要是打算去，可就是今兒個或是明兒個，

再遅就沒甚麼意思了。"[11]

　　ここでの季節は桃の花の季節であり、龍華へ花見をしに行ったかという話題であるが、桃の花で有名な"龍華"といえば、それは上海の龍華寺である。『上海一覧』には、龍華寺と桃の花をめぐる一連の記述がある。

　　上海を南に距る約二里の所に古来龍華寺を以て有名な龍華鎮がある、此地は上海水蜜桃の産地であって黄浦江に沿う日暉橋以南約一里の間は地上悉く桃林である、陽春三月花信始めて至る頃から花を愛する老若男女は路上陸續となって花間を訪れ花下に酒歌管絃の聲を聞かざる日はない、三月一箇月は上海郊外の龍華寺の開張で、善男善女の参詣織るが如く、殊に十五日は其中日で気候はよし付近の桃花は芳を競い野遊に適するため、文人墨客淑女令娘は踏青の舉を兼ねて龍華街道に車を飛ばす、之がため龍華寺付近は縁日商人で急造の田園都市が建でられる。　　　　　　　　　　　　　　（「龍華寺開廟」）

　　支那には櫻は少いが桃は到る處にある、殊に江蘇省山東省直隷省は其名産地である、櫻を見ることの出来ない支那人に取りては花見は桃に限られる、上海の桃は龍華を中心に黄浦江岸一帯が鑑賞に宜しく新暦三月廿日頃から花信は頻々として至る。　　　（「桃見」）

　　櫻花を愛して櫻花に親しむことの出来ない滬上の邦人は多く花宴をここに開き日曜休日のごときは邦人を以て雜鬧を極めることすらある。　　　　　　　　　　　　　　　　　　　　　　　　（「龍華の桃林」）

　　龍華寺、龍華鎮にあり、呉の赤鳥十年始めて建立せられ清の同治年間大悲閣を建て…久しく廢頽していたが民國十年修繕して龍華の舊蹟と景趣とを保って居る。　　　　　　　　　　　　　（「龍華寺」）

96

　第337章の会話には"上海"という地名を出してここが上海であることを明示してはいないが、上海に住む人々の桃の花見を題材とした会話であることは明らかだと言えるだろう。

　では、『北京官話全編』の舞台は、終盤に北京から上海に完全に移行したのかというと、そうではないことは第336章を見れば明らかである。

　第336章ではまず花見の季節であることが語られる。

> "這天氣可暖了。昨兒我出城逛了逛，野景兒實在有趣得很，瞧見花開滿樹草遍春郊，真是鳥語花香韶華靡麗，遠遠兒的瞧見有一座花亭子眾花環繞，更是好看。"
> "您真是會樂的。怎麼有這樣兒的雅興，也不携帶携帶我呢？"

これに続く以下の発言には、その場所が北京であることを示す[12]。

> "我昨兒本是到德勝門給人送畫圖去，沒打算逛趕送了畫圖之後，在那個大街上遇見我們換帖的胡煥章，他上三槐堂書舖還帳，順便上錢舖換錢，所以我們倆人就一同溜達，一面説着話兒，趕他把帳還了，把錢換了，我們倆正要分手，忽然他們親戚打那麼来了，也是到錢舖換票子。這麼着我們三人就坐在錢舖的板櫈上閒談，可巧昨兒都沒事，所以我們就商量着出城了。"

その後、再び花見に関して以下の発言がある。

> "啊，可是昨兒沒到貝子花園兒瞧瞧麼？"
> "沒有。這個花園子的名兒，我還不知道。"
> "這個花園子也叫可園。可惜您不知道，沒順便逛一逛。那裡頭的景緻好極了。各樣兒的花木都有，有花洞子，有花欄、花台，有花神廟，並且有山有水，還有畫橋。要是到牡丹花開的時候兒，那花朵兒開的

大極了。真可稱為花王，寔在好看。這個花園子那一年我逛過一遭，
　　到如今想起来，恨不能就去纔好哪。"
　　"您説的這麼好，等那一天偺們倆人去一遭。"

　　北京の花見の名所として登場するのが "貝子花園兒" つまり "可園"
である[13]。

3-3　話題として登場する広東

　　広東での滞在経験がある人物が登場する会話は、第54、105、119、120、
140、190、214、216、218、230、281、303、310、318、339、344、356、
359、375章であり、広東の状況や北京を中心とする北方との違いについ
て語られている。深澤暹は先行研究の記述をまとめると、1918年頃に汕
頭に勤務した経歴があるようで、加えて職業柄広東の状況にも詳しかっ
た可能性は大きいが、広東が北京や上海のように会話の行われる舞台と
なることはなく、北京での会話の中で登場している[14]。

　　深澤暹の中国滞在全体から見れば、北京滞在は限られた期間であり、
上海、杭州、広東、吉林等の各地に赴任している。その中で、圧倒的多
数の会話の舞台となっているのは北京であるが、上海を舞台とした会話
も含まれている。また、広東が話題に上ることも多く、広東出身の人物
が登場するという設定を確認することができる。

4　まとめ

　　『北京官話全編』は現代の一般的な中国語教科書とは異なる体裁であ
る。ただ話し言葉で記述された様々な会話内容が羅列されているという
形は、中国語を身につけるために記述された、長崎唐通事の資料や西洋

人宣教師の資料に共通する点があると言える。各章の冒頭に挙げた語句の存在には、学習に配慮した工夫も見られ、紛れもなく教科書としての側面を有しており、また読んで面白い教科書である。

　教科書の内容というものは、完全に現実に即していなくてはならないわけではあるまいが、実際にはあり得ない事柄や存在し得ない事物では決してなく、大なり小なり事実に基づいて作られると言えるだろう。『北京官話全編』に含まれる内容の時代性と地域性は限定的なものではなく幅広い。深澤暹の中国語習得と外交官としての知識の集大成が『北京官話全編』であり、そこには深澤暹の経験した「中国語と中国」が宿っていると言えるだろう。

注
1）これは暫定的なものであり、大まかな経歴を知るためのものである。細かな経歴については更なる調査が必要であると考えている。
2）日向康三郎『北京・山本照像館 —— 西太后写真と日本人写真師』の年譜に詳しい。
3）山本照像館の開店は、山本讃七郎が初めて中国に渡った1897年だとする先行研究もあるが、日向2015の年譜によれば、山本讃七郎は最初の渡航では店を構えずに写真撮影を行っており、1901年に初めて山本照像館を構えた。
4）いずれも『續對支回顧録』下巻「深澤暹」1054頁からの引用である。
5）同封されていたと思しき手紙には特に写真について触れられていないが、病気で10ヶ月ほど臥せっていたと書かれており、病み上がりに撮った1枚なのだろう。また、写真の裏面のメモは、この手紙の内容に基づいて書かれたものであろうかと思われるが、次のように記されている。
　　Monseigneur Alph. Favier
　　Ep. De Pentacomie
　　Vicaire apostolique de Pekin
　　（67 ans）
　　Après 10 mois de paralisie
　　Est en convalescence.
　　Pekin 25 Juin（?）1903
　手紙とメモの内容と文字の解読は、ウルバニアナ大学のエマヌエーレ・ライニ氏による。
6）このあとさらに次のように続く。

"您這話實在説的是，但這現在外頭雖然又有拳匪蠢動，也不過是些個無事業
　　的閒民，藉着這個搶掠，如果賢有司實力勸辦，也鬧不起大事來。""雖然現
　　在沒鬧出大事來。可是目下各處教堂林立，他們大半是與教民挾仇銜冤。倘
　　若步事預防，早為勸辦，一鬧出教案來，可就難辦了。"

　当時の社会状況を反映していると考えられ興味深いが、具体的にどの出来事を
指しているかを断定することは今後の課題としたい。

7）"松竹齋" は、1894 年に "榮寶齋" と改称しており、矛盾している。

8）山本照像館が開店した年に関する論考は日向 2015 が詳しいが、『北京官話全
　編』が客観的な事実に基づいて著されていると仮定すれば、さらに調査を継続
　し確認することの意義は確かにあると言えるだろう。

9）地名、名詞のみを挙げたものが大半ではあるが、前後の語句をつけたままに
　した方が分かりやすいと判断したものはその限りではない。また、このリスト
　は暫定的なものである。

10）さらに第 91 章では次のような会話が出てくる。
　　"聽説京裏現在各樣兒洋貨都很起價，要是能一兩天趕緊的運上去，大概還正
　　赶上巧檔兒。"
　　"這好極了。一則是您運氣好二則也仗着您有心計。"
　　"甚麼是有心計呀。不過是作買賣的不能不這麼算計。那兒能比你們作官的舒
　　眼呢。"
　『北京官話全編』の登場人物の立場は、主人と召使いまたは主人とその友人、知
　人という組み合わせが多いが、友人や知人は役所勤めである場合が多い。第 91
　章のように、一方が商売人であることが明確な場合は少数である。

11）この後には次の発言が続く。
　　"是的。我想大概明兒沒甚麼，或者可以去。您昨兒去是坐馬車去的，還是坐
　　轎子去的？"
　　"我是坐家裡的東洋車去的。"
　　"坐東洋車走的豈不太緩慢麼？論您那個車還罷了得，但是您那個車夫可真
　　不行…"
　　会話されている場所が、"龍華" まで "坐轎子""坐東洋車" で行く範囲内であ
　ることが確認できる。

12）以下の引用部分に出てくる "三槐堂書舗" に関しては、「明清研究通訊」第
　13 期 2010 年 11 月 15 日頼恵敏（台湾中央研究院）参考論文 http://mingching.
　sinica.edu.tw/newsletter/013/mics/images/1030/20101030_2.pdf（2019 年 7 月
　30 日参照）を参考にした。また、第 372 章にも "三槐堂書舗" が使い勝手の良
　い書店として登場する。

13）徐珂『清稗類鈔』（1917 年）「名勝類」の「京西諸勝」に、"可園"（俗称 "三
　貝子花園"）として出て来る。

14）『北京官話全編』における場所については、2018 年度に香港城市大学で開催
　された東アジア文化交渉学会第 10 回国際学術シンポジウムにおいて、塩山正純

氏（愛知大学）の登場人物の行動範囲に関する詳細な調査発表があった。

参考文献
梅本貞雄・小林秀二郎編 1952『日本写真界の物故功労者顕彰録』日本写真協会。
東亜同文会編 1973『続対支回顧録』明治百年史叢書第 211、212 巻、原書房。
國學院大学日本文化研究所編 2005『深澤暹関係文書目録』國學院大学日本文化研究所。
伊藤隆・季武嘉也編 2011『近現代日本人物史料情報辞典 4』吉川弘文館。
遊佐徹著 2013「近代中国の写真文化と山本讃七郎」『岡山大学文学部プロジェクト研究報告書』第 20 巻、岡山大学文学部。
日向康三郎著 2015『山本照像館 —— 西太后写真と日本人写真師 —— 』雄山閣。
内田慶市編 2017-2018『北京官話全編の研究』関西大学東西学術研究所資料集刊40-1 〜 3、関西大学出版部。

唐通事の官話教本
『三折肱』について

木 津 祐 子

はじめに

　長崎の唐通事が『三折肱』という文献を官話学習に用いたことは、以下に引用するように、武藤長平が夙に紹介する。武藤の記述によると、『三折肱』は、啓蒙段階の発音訓練、それに続く会話の基礎学習として「二字話」「三字話」を学んだ後、白話小説の自学自習に至る前段階として位置している。

　　唐通事は最初發音を學ぶ爲に『三字經』『大學』『論語』『孟子』『詩經』等を唐音で讀み、次に語學の初歩卽ち恭喜、多謝、請坐などの短き二字を習ひ、好得緊、不曉得、吃茶去などの三字話を誦じて更に四字以上の長短話を學ぶ、その教科書が『譯訶長短話』五册である、それから『譯家必備』四册『養兒子』一册『三折肱』一册『醫家摘要』一册『二才子』二册『瓊浦佳話』四册など唐通事編輯にかゝる寫本を卒業すると此に唐本『今古奇觀』『三國志』『水滸傳』『西廂記』などを師に就きて學び進んで『福惠全書』『資治新書』『紅樓夢』『金瓶梅』などを自習し難解の處を師に質すといふのが普通の順序である[1]。

　『三折肱』とともに並列されるのは、『譯家必備』『養兒子』『醫家摘要』

103

『二才子』『瓊浦佳話』で、このうち『譯家必備』は、通事職の実務の諸場面を想定した問答集の体裁をとり、『瓊浦佳話』『二才子』[2]は、話本小説の枠組みを完全になぞったもの。『瓊浦佳話』の題名からは清の墨浪子撰『西湖佳話』十六巻を意識していることも窺える。『養兒子』は、教育や人生訓を官話で説くもので、作品として一貫した骨組みをもつものではないが、聴衆を想定した語り手の一人語りという点では、『瓊浦佳話』『二才子』に通ずる作品である。

　その中で、『三折肱』は、実態がこれまであまり明確にはなっていなかったのであるが、近年の調査により、『醫家摘要』と同様の医学書であることが明らかとなった。その梗概について、本稿に記しておくこととしたい[3]。

1　東京大学鶚軒文庫蔵『三折肱』の書誌及び所持者

　『三折肱』という書名は、『春秋左氏伝』定公十三年の「三折肱知為良医」に基づき、後に医者の代名詞として用いられるようになった。現存するものとして東京大学鶚軒文庫に所蔵される一本と、長崎歴史文化博物館に蔵される大正十一年写本[4]が知られるのみである。

　長崎歴史文化博物館蔵本は、墨付き全23丁、東京大学鶚軒文庫蔵本（以下東大本）のほぼ半分の量で、内容は東大本の下巻に相当する。巻末には大正十一年の書写者による書き込みが有り、そこには、「本書ノ原本ハ門司市清滝町壹丁目吉永卯太郎所有也　全氏ハ原本ヲ福岡市古書肆ニテ得タリ　長崎薛氏ノ蔵本也　余市史編集史料トシテ借用謄写セシム」と見える。本来は唐通事薛家の蔵書であったものの書写で、書写の間違いが非常に多い。書名すらも『三折肱』と書き誤るなど決して良質の写本とは言えない。書物として完本に近いことから、本稿では、東大本に基づき、この文献の性格を探ることとしたい。

　まずこの東大本『三折肱』について注意すべきは、この書が『瓊浦佳話』というタイトルで岩波書店『国書総目録』に登録されていたということである。それは、同書の下巻裏表紙に「瓊浦佳話巻之四」と墨書されることから、書名を誤認したことに拠る。このことは、かつて拙稿で言及した通り[5]、石田義光1968「「小説瓊浦佳話」解題」（『図書館学研究報告』1：東北大学図書館）に紹介されている。石田氏も、何故「瓊浦佳話巻之四」と記されるのかは「意味不明」（26頁）であると述べておられるが、書写或いは装丁の際に混入したのか、反故紙を用いたのか、事実は不明なままである。しかしながら、このことにより、岩波書店『国書総目録』も本書の書名を「瓊浦佳話」と誤り登録したのであるから罪なことである。私自身も、『国書総目録』を手がかりに東大に『瓊浦佳話』の閲覧に赴いたところ、実はそれが『瓊浦佳話』ではなく『三折肱』であったことに気づき、先行研究を捜索して、石田氏の論考にたどり着いた経緯がある。

　本書の書誌をまず見ておくこととしよう。

　『三折肱』二巻（上下巻）　請求記号 V11-1252

　二冊

　上巻見開き「平記／三折肱　全二冊上」、印記「平井徳所蔵」

　上巻奥付「乙卯四月五日學起」　印記「兆字巨蚌」（朱）

　上巻裏表紙「瓊浦佳話巻之四」　朱印有り（判読不可）

　下巻見開き「平氏藏書／三折肱　全二冊下」、印記無し

　下巻奥付「安政乙卯孟夏念一日学起」

　上巻　墨付25丁、下巻　墨付23丁

　毎半葉9行18字

　上巻、下巻ともに朱点（句点）有り

　破音字に朱筆でまま圏発が付される。例「那（上声）」「長（上声）」「楽（入声）」「交（入声）」「数（入声）」「悪（去声、入声）」「好（去

声）」「易（去声）」「為（去声）」など。

眉欄には、三箇所注有り。上巻：「耗　虚到反」（墨筆）、「已　音以　与
己巳異」（朱筆）。下巻「数　色角反」（朱筆）。

　まず、蔵書印から読み取れる「平井徳」という人物は、『譯詞統譜』或
いは『唐通事家系論攷』（宮田安、長崎文献社、1979）ともに、同名の
人物は見つからない。平井氏は唐通事家であるので、その家系を探ると、
平井家第五代紋十郎が諱を「惟徳」という。この人物は、『唐通事家系論
攷』によると、宝暦八年（1758）生、文化元年（1804）卒（同書 939 頁〜）。
一族で、「安政乙卯」（二年、1855 年）の年にこの書物を学び得た候補者
には二人有る。一人は平井義十郎、諱は希昌が、天保十年（1839）生ま
れで、嘉永五年（1852）に 14 歳で稽古通事見習、安政三年（1856）に
18 歳で稽古通事となっている。義十郎はもとは唐通事家の生まれではな
かったが、平井家第九代作一郎の養子となり、唐通事在任中に英語を学
び、文久三年（1863）に立山（長崎会所の所在地）に英語稽古所ができ
た際にはその学頭、さらに、中江兆民も学んだことで知られる済美館で
も学頭を務め、明治維新後は、工部省を経て外務省に勤務し、明治六年
には副島種臣に随行して清に赴いた経験も有したという[6]。しかし、こ
の人物と断定するのは難しい。それは、上巻奥付の印記で、そこからは
もう一人の人物が浮かび上がるのである。
　上巻奥付の「乙卯四月五日学起」下には陽刻の朱印が有り、その文字
は「兆字巨蚌」と読める。第一字目の「兆」は『説文解字注』二篇上八
部「兆」字段注、三篇下卜部［㲯］字段注によるなら、「別」の古字であ
るとのこと。とすると、「兆字巨蚌」は「別字巨蚌」と同義となり、別字
あるいは別号のごときものを指すと読むことができる[7]。この「巨蚌」を
手がかりに平井氏家系を探索すると、平井家九代作一郎、つまり義十郎
の養父の墓碑に「松雲巨蚌之墓」と有るのが目に止まる。つまり、「（安
政）乙卯四月五日学起」を書き付けた人物は、巨蚌を字（または号）に

106

有するこの作一郎ということになるのである。作一郎は、宮田氏の考証によれば、寛政十一年（1799）生まれで、墓碑銘では安政二年（1855）十一月二十二日没[8]。つまり、「（安政）乙卯四月五日学起」の同年十一月に逝去している。自身の為に生前に学んだのか、或いは跡継ぎの義十郎への手ほどきを兼ねての学習であったのか、いずれにしても、現時点ではこれ以上の追求は難しい。

2 『三折肱』の構成について

　本書は、上下二巻に分かたれるが、内容上も上巻と下巻にはそれぞれ相異が見られる。

　まず上巻は、医術や病気、寿命に関する物語を、話本小説の体裁に倣い配列する。その構成は、冒頭に(a)韻文による主題提示、(b)「話説」に導かれる導入部、(c)「（這）正是」によって格言的対句が記され、(d)「卻説」「不在話下」等で導かれる展開部分、或いは次の物語が続き、(c)(d)の様式が話題ごとに繰り返された後、(e)「要知端的且（聽）下回分解」によって全体が結ばれる。

　この話本小説を模倣した叙述スタイルは、『瓊浦佳話』に非常に似通っており、言語的特徴も両者は共通する。典型的な語法上の特徴を二つ挙げておこう[9]。

(1)　「替」を、共同・対象の前置詞として用いる。

・劉公替客官坐在火邊烘一烘。（上巻）
（劉公は客人と炉端に座って暖まる。）

・奴家替你同生同死，既然官人服了毒，奴家也要一死。（上巻）
（わらわはおぬしと生きるも死ぬも一緒。おぬしが毒を飲むなら、わらわも死ぬまで。）

(2)　「把」を、受益者マーカーとして用いる。

- 病人吃甚東西，先把那個味道親口嘗嘗看，方纔把病人吃。（下巻）
  （病人が何かを食べるには、まずその味を自分で試してみて、それから病人に食べさせなさい。）
- 小廝捧過壺來斟上一盃，雙手遞過父親，然後篩把自己。（上巻）
  （若者は徳利を持ち上げ盃に酒をつぎ、両手で父にそれを手渡し、その後で、自分の盃に酒をそそいだ。）

　但し、綴られるエピソードは、『瓊浦佳話』が書名からもわかるように、長崎という土地と風土、そこに暮らす人々に焦点を当てた物語であったのに対し、『三折肱』上巻は、すべてが中国に典拠を有する故事とそこから得られる教訓譚である。謂わば、医術を語る上での総論的教訓を中国に求め、それを話本小説風に編集したのが上巻の内容とある。以下にその概要を記す。

【上巻】
1. 孫叔敖の故事：人の命を助ける医術の重要さを、大蛇退治で陰徳を積んだ孫叔敖に擬えて語る。
2. 明医と時医の区別
3. いくら高名な医師でも治せぬ病がある。天によって命は定められる。
4. 各自が養生に心がけることの大切さ。不養生で病を得てから医者や祈祷に頼っても意味はない。
5. 唐山江西分宜県の陳青と朱世遠、その息子陳多寿の物語
6. 蘇州の劉名徳の物語
7. 5と6は相反する物語。かたや十年来の病が思わぬ切っ掛けで治癒し、かたやたった一度の病で命を落とす。すべては前世の定めなので、日頃から養生するのが重要である。
末尾は定型句「要知端的且（聽）下回分解」で結ばれる。

下巻になると内容は一変し、次のように進行する。

【下巻】

　医術総論であった上巻に対し、下巻では具体的に医家の心得と疾病ごとの対処法が説かれる。

　1．看脈の重要性とその心得

　2．病の多様性と大まかな診断方法

　ここまでは、下巻も上巻同様に話本小説の体裁を取る。2の最後に、「幾ら書いても書き尽くすことはできない（寫也寫不盡了）」と話を結んだ後、引き続き、具体的症状についての記述が始まる。その部分には大きく分けて下の3と4の二種類の記載方法が見られる。まず、

　3．補益、虚勞、失血、惡熱、惡寒、汗證、癇症、遺精、淋證、小便
　　　閉、大便閉、瘧疾、痢疾

　　　この13項目では、標題の症状名、或いはその症状が代表する病名を主語に置く解説文で、ほぼ全てが「○○是」で書き起こされる。例えば、

惡熱：<u>惡熱是原來不是个熱虛症了</u>，陰虛便是發熱，精神外走，滔欲失節，陰氣耗散，陽無所行，浮散在肌表之間作个惡熱，所以須要用个陰虛活動的方子，自然痊可了。

　　（惡熱は、もともと単に熱虛症ということではない。陰虛であれば発熱をし、精神がさまよい、溢れる欲が節度を失い、陰気が消耗して拡散し、陽気は行き場を失い、人体の表面に漂って惡熱を発生させるのである。そこで、陰虛が活性化する処方を用いると、おのずから治癒するのである。）

惡寒：<u>惡寒是原來不是个寒熱症了</u>。只因長久服了熱藥，所以起根。古人道，火極似水，熱極了到覺得寒冷。可見不是寒症。古人又說道，

火熱内熾，寒必燙外，看管不要認錯，其實不是寒症了。

　　（悪寒は、もともと単に寒熱症ということではない。長らく熱薬を
　服用していたことが原因で発生する。古の人は、火が極まれば水
　のようになり、熱が極まれば寒気を覚える、と言う。つまり寒症
　ではないのである。古人はまた次のようにも言う、火が熱く内側
　が焼けるようであれば、寒は必ず外に熱をもたらす。しっかり観
　察して見誤ってはいけない。実際のところ寒症ではないのである。）

　しかし、それに続く以下の疾病名の下では、主体が病人である唐人に
移り、彼らが訴える内容に医者或いは通訳者が返答するという問答体の
記述法に切り替わる。
　4．傷風、傷食、痢疾、瘧疾、便毒、疔瘡、金瘡
　　まず病人本人或いは付添人からの訴えに対して、医者或いは通訳で
　ある通事の応対、或いは応対心得を記す体裁を取る。以下、形式がわ
　かるように幾つか例を挙げて見よう。

　傷風：大凡唐人害了病，請醫生的時節，相托通事通話，那通話之間
　有許多蹺蹊蹊蹊的說話。那個先生若是廣學的大才子，賣弄高名，咬
　文嚼字的講醫術上的通文話，聽起來著實有趣。譬如傷風，那病人說
　道，這兩日頭痛眩暈……先生答道，這个感冒，風寒寒氣感得重了，
　所以這樣厲害，吃了幾帖藥，表他的汗出來，自然痊癒了。……
　　（おしなべて唐人が病を患い、医者を呼ぼうという時には、通事に
　通訳を頼むことになるが、その通訳では多くの複雑な話が出て来る。
　そのお医者様が博識の偉い先生で高名をひけらかし、難解な医学用
　語を繰り出すのは、聞いている限り確かに面白い。例えば「傷風」
　ならば、その病人が「ここ二三日、頭痛とめまいがして……」と言
　うと、先生は答えておっしゃる。「この風邪は、風邪が冷たく冷気を
　酷く浴びたため、それでこのように病状が悪化したのだ。何錠か薬

110

を飲み、汗を出せば、自然に治癒する……」。)

傷食：<u>唐人道</u>，今朝吃早飯的時節忽然惡心起來……<u>先生答道</u>，我看你的脈這个傷食雖是傷得重了也不但為這一件起的，你日常間勞心太過，元氣衰微……

　　（唐人が言うには、「今朝、朝食の時に突然吐き気が起こりました……」と。先生は答えておっしゃる。「あなたの脈を看てみたが、この食中毒は症状は酷くても、今回一時的に発生したものだ。あなたは日頃からストレス過剰で、気力が減退している……」。)

痢疾：<u>唐人道</u>，這幾天瀉肚，前日子一日不過瀉了五六遭……。<u>先生答道</u>，原來痢疾是不分赤白，暑氣濕氣上了脾胃起根的了……

　　（唐人が言うには、「ここ数日腹を下しています。一昨日は、一日で五六回も下痢に見舞われました」と。先生答えて言うに「そもそもこの痢疾というのは、赤痢であろうと白痢であろうと、暑気湿気が胃腸にたまることが原因だ……」。)

　４が、単なる症例の説明文ではなく、ある種の典型的な問答例を想定し、実際の通訳業務に通事達が備えることを目指して執筆されたものであることが見て取れよう。しかしながら注意すべきは、これらが直接話法ではなく、「唐人道」や「先生答道」などに導かれる間接話法で記され、一人語りの講談風文体を取るという点である。その点において、問答体ではあっても、上巻また下巻１・２部分と同じ話本小説に近い叙述法であり、それらと全く異なる方針で記されたとは見なし難い。後で述べるように、『醫家摘要』でも、「傷風、傷食、痢疾、瘧疾」では問答体が混入する。しかし、文面や文体は全く異なるので、この問答体部分の成立に両者が何らかの背景を共有するとも見なし難い。むしろ、これらは、唐人屋敷で最も頻繁に発生する疾病であり、単なる知識だけではなく、

実際の応対を想定した例文が学習上も求められたと考える方が蓋然性は高いであろう。

　以下、次のような語彙・常言集が続いて下巻は終了する。

　5．疾病用語：二字・三字

　6．身体部位の名称

　7．小児科・婦人科に関する用語

　8．俗語：二字・三字・四字

　9．常言：ことわざの類

　10．本書の執筆縁起を記した9行の書き付け

　末尾の「執筆縁起」については、次章にて論ずることとする。

3　著者或いは成立事情

　本書の撰者が誰であるか、現時点で全く考証の手がかりは無いが、成立の背景を記したものとして、下巻巻末に「執筆縁起」とも呼びうる短文の書き付けが見られる。全9行。葉のなかばで「這正是」と記して以降、記述は断絶している。本書が取る話本小説の体裁から考えるに、この「這正是」後には何らかの韻文または対句が入らねばならないのであるが、それが抄写の段階で失われたのか、原本自体に以降の記載を欠いていたのか不明である。しかし、本書の下巻に相当する部分を存する長崎歴史文化博物館蔵本も、同じ箇所で本文が途絶しているので、現存する二本が基づいたテキストは、ともにここで本文が失われていたと見なさざるを得ない。

　以下に引用するのが、その全文である。

　　說話的原來不是醫家出身，為何辛辛苦苦打出這一本書來，看官有所
　　不知。原來長崎做通事、人家醫業是不得不學，為何呢。雖然高手名

醫也要診脈對證，叫那個病人分說病根的起端，若是通話的人講得差錯，未免活活狂送了性命。人命重情，豈不是要緊，因為特特寫這一本三折肱，奉勤長崎做通事的人要習學，醫業不要輕慢了。醫生的通話倘若胡言亂話，聽錯了話，害人家的性命。豈不大事。這正是

（講釈師の私めはもともと医家の出身でもないのに、何故に苦労してこのような書物を書き上げたか、聴衆の皆さんはご存知ないところでございましょう。もともと長崎で通事をしておりますと、かの医学というものは学ばないではいられません。それは何故でしょう。いくら名医であっても患者の脈をみて症例を照らし合わせたら、その患者に病の発端を丁寧に説明せねばなりません。もしも話を取り次ぐ人間が言い間違えたりすると、むざむざと人の命を失わせることになってしまいます。人命というものは非常に重要なものですから、特にこの『三折肱』という一冊をしたためて、長崎で通事に奉職する人間に学んでもらおうとした訳です。医学は決して疎かにしてはいけません。医者の話の取り次ぎがもしもでたらめで、（患者が）聞き間違えでもしたら、人の命を損ないます。重大でないことがありましょうか。これこそ）

　自らを「説話的」（講釈師）と呼び、読者を「看官」（聴衆・観客）と呼ぶことからわかるように、この部分も話本小説の枠組みを墨守する姿勢で執筆される。つまり全書を通じて、下巻5〜9の語彙集部分以外は、『瓊浦佳話』と類似の文体で執筆されるのだ。同じく医療を題材にした唐通事の教本には、管見の限り、先に触れた『醫家摘要』（京都大学谷村文庫蔵）と『醫生通話』（長崎歴史文化博物館古賀文庫蔵）[10]が有るが、両者ともに、叙述に際して、このような話本小説の枠組みは用いない。ただ、先にも少し触れたように『醫家摘要』には、「傷風　傷寒」「傷食」「瘧疾」「痢疾　泄瀉　霍亂」「諸氣」「外科　癰疽」と標題の付けられた箇所に、患者、取り次ぎの者（或いは通事か）、医者による発話記述が一部含

まれる。但しそれは、本書のように間接話法の標識（「唐人道」や「先生答道」）を用いることはせずに、いきなり会話が始まる。それは確かに直接話法ではあるのだが、その発話部分が曖昧な形でいつの間にか症状や処方の解説へと吸収されていくような文体で、唐通事の教本の中では『唐通事心得』や『長短拾話唐話』に似た記述法を取る。つまり、意図的に話本小説の枠組みを採用する本書とは明確に異なる方針で書かれたと考えて良い。ちなみに、もう一つの『醫生通話』は、この二つのいずれとも異なり、シンプルな直接話法の対話のみで話が進行するので、その点においては、『譯家必備』と共通する特徴とも言える[11]。これら『醫家摘要』『醫生通話』については別稿を準備中であるので、詳細はここでは措くこととしたい。

4　医学書と唐通事

　さて、このように長崎唐通事が医術に関する教本を多く用いたことの意義はどこにあるのだろうか。それについて、最後に簡単に触れておくこととしたい。

　筆者はかつて、琉球通事の教本を取り上げ、彼らの官話教材たるべきものは、純粋な語学学習の目的のみならず、さらに「教訓」の同時習得を期待するものであったことを論じたことがある[12]。これは琉球に限らず長崎においても同様で、『唐通事心得』や『養兒子』『小孩兒』などが、ともに大上段に構えた道徳訓ではなくとも、庶民生活の日常に密着した処世訓を基調としていた[13]。その原則に従うならば、唐通事の官話教材に、『三折肱』と『醫家摘要』や『醫生通話』という医学書が含まれていることも、彼らがこれら医学的知識を、官話によって学ぶ必要が有ったことを示すであろう。3章で触れた『三折肱』巻末の「執筆縁起」でも、患者たる唐人と医師との間の通訳が人命に関わる重要任務であると述べ

る通りである。

　ここで、唐通事経験者が通事業務を紹介した資料を紹介しておこう。この中に、医療通訳に関して実体験として言及する箇所が見えるのである[14]。

　この資料は、もと大村藩侍医を務めた岩永養庵の第三子として出生し、十一歳の時に唐通事家の盧範二郎の養子となった盧高朗（元の名を篤三郎）の自叙伝である。盧高朗は弘化四年（1847）生まれで安政六年（1859）に稽古通事となっているので、先に言及した平井義十郎より八歳年少、自叙伝中には、英語を平井義十郎に学ぶというくだりも見える。

　以下の引用はその冒頭部分である。原文に無い濁点と句読は、読みやすさを重視し、引用者により補った。反対に、原文では書名部分に傍圏点が振られるが、印刷の都合からそれらは削除した。

　年十一歳出デテ養子トナリ盧家ヲ継グ。養父範二郎死後ナリ。盧家ハ其役唐通事ナルヲ以テ支那語學ヲ（支那南京音ナリ）鄭幹輔ト其養子右十郎、穎川保三郎、高尾和三郎ノ諸先生ニ學ブ。其ノ讀本ハ、二字話、三字話ニ始マリ、瓊浦佳話、譯家必讀、醫生通話ナリ。此等ノ本ハ皆版本ナキヲ以テ自ラ之ヲ寫シ習フ。小説本ニシテ支那版今古奇観ヲ學ビ、其他版本、三字經、孝經、中庸、論語、孟子、詩經等ヲ學ビタリ。……
篤三郎ハ稽古通事ナレバ、毎月一両回他同僚と交代に、興善町ニアル唐通事會所ニ出勤宿泊セリ。此ノ會所ヘハ、大通事ト小通事二名、年番役ニ当ル者出勤シテ、唐人即チ支那人ニ關スル事務ヲ見ル。又篤三郎ハ本籠町外ニ俗に唐人屋鋪ト云フ唐人即チ支那館ノ二ノ門前ニアル唐人ノ取締ニ任ズル其ノ掛リ役員ノ詰所アリ。其内ニ唐通事の出勤スル部屋モアリテ、此處ニモ他ト交代ニ一ヶ月一両回出勤宿泊セリ。唐人ノ病人ヲ診察スル官許ノ醫者、館内ニ入ルトキハ、稽古通事附添フナリ。篤三郎ハ附添フタルモ醫者自ラ通話投薬セリ。

此頃ノ醫者ハ福地魯庵ト呉來安ナリ。福地ハ源一郎男ノ父ナリ。醫
生通話ト稱する寫本有り、之ヲ暗記スレバ事ヲ缺カズ。……港外小
瀬戸ニ遠見番所アリ。役員詰メ居リ、外國船ノ來港ヲ見ル。遠見番
ノ之ヲ見出シテ其港外ニ来ルヤ、醫者ト共ニ乗入リ、伝染病人ノ船
内ニ之レナキヤ否ヤヲ檢視セリ。篤三郎ハ醫者ト共ニ小瀬戸ニ出張
宿泊シテ之ヲ勤メタリ。……

　　　盧高朗著『盧高朗自叙伝』（長崎歴史文化博物館蔵、1922 年）[15]

　医者が唐人屋敷に出入りする際に通事が付き添うことがここで明記さ
れるのだが、彼が付き添った福地魯庵と呉来安という二医師は、ともに
自ら中国語を駆使して診察を行ったと記されるのも興味深い。福地魯庵
は、安政年間に長崎奉行所管轄の唐人屋敷出入医者に任ぜられている福
地苟庵なる人物[16]と恐らく同一人物である。福地苟庵については、その
息子の桜痴居士源一郎自らが記した父の略伝など多くの資料に基づいて、
亀田一邦氏が詳細な評伝を記しておられるが、亀田氏自身は、他資料中
に名の見える福地魯庵と苟庵が同一人物かどうかについては慎重に態度
を保留しておられる[17]。しかし、この福地魯庵が同じ安政年間に唐人屋
敷出入医者であった事実、さらに盧高朗自身が「福地ハ源一郎男ノ父ナ
リ」と記す本条は、両者が同一人物であることを示す有力な証左となる
であろう。
　一方、福地魯庵と併記される呉来安は、彼自身が唐通事呉氏の第十一
代で、後に鄭幹輔の養子となった鄭永寧（『譯詞統譜』の跋は彼の手に係
る）の実弟に当たる[18]。ちなみに、上引の自叙伝で、中国語を教わった
教師として列挙される「鄭幹輔ト其養子右十郎」の「右十郎」が、鄭永
寧その人である。福地魯庵の中国語力は未詳ながら、呉来安が中国語を
操り得たことは、その家系から見ても間違いないであろう。呉来安につ
いては、『明治維新以後の長崎』（長崎市小学校職員会、1925）第七章
「人物」に略伝が立てられ、医学を志して肥後の医塾で学び、長崎に帰る

と分家して医業を営んだとある[19]。或いは、福地魯庵の通訳も担当した
のかもしれない。『明治維新以後の長崎』の略伝では、明治二十九年
（1896）に東京に出た後、七十五歳で卒すとあるが、生年の記載は無い。
すぐ上の兄鄭永寧が文政十二年（1829）の生まれであることから考える
と、『盧高朗自叙伝』が描写する安政六年（1859）以降には二十代後半
といった年齢であったろうか。

　また、文中で「醫生通話ト稱する寫本有り、之ヲ暗記スレバ事ヲ缺カ
ズ」と稱する書物が上述の『醫生通話』で、現在、長崎歴史文化博物館
古賀文庫に所蔵される[20]。墨付八丁の短い本文であるが、端正な文字で
書写され、状態は良い。上述の通り、この本文は直接話法の問答体で構
成されており、その内容も、取り次ぎ者である通事の応対例を具体的か
つ多様なパターンを想定して記してあり、盧高朗が「之ヲ暗記スレバ事
ヲ缺カズ」と述べるのも宜なるかなという印象を受ける。本書について
は、上述の通り、『醫家摘要』ともども別稿にて本文とその翻刻を準備中
であり、詳細はそれに譲ることとしたい。

5　おわりに

　以上、『三折肱』の紹介と、その本文を手がかりに、その文体や構成上
の特徴が他の唐通事が編んだ教本類、特に『瓊浦佳話』と共通すること
を指摘した。さらに、唐通事が医学に特化した教本を編んで官話を学ん
だことの意義については、通事が官話を学ぶ際には、言語そのものと実
用的な学習対象とを一挙両得的に習得することを狙い、その利便性を重
視した教本を編んでいたことの一例と捉え得ることも確認した。

　これらは、琉球・長崎に共通する教材の原則的特徴であるが、医学書
を語学教材の一つとして多数撰述し活用したことは、琉球とは異なる長
崎唐通事の独自の特徴である。唐人屋敷という、長期滞在の中国商人滞

在施設を有した長崎においては、屋敷内の健康管理は通事にとって重要な用務に位置づけられていたことは容易に想像がつく。舶来船が入港する前に、伝染病予防の点から船上に上り、病人の有無を点検することが唐通事の任務として励行されていたことも、『盧高朗自叙伝』が記す通りである。唐通事の官話学習の多様性を考察する上で、注意すべき事象であろう。

　本書を始め他の官話による医学書群をさらに詳細に検討し、その性格や唐通事教本類において位置づけるなどの作業は、今後の課題となる。

注

1）武藤長平「鎭西の支那語學研究」（『西南文運史論』、武藤長平著、岡書院、一九二六年）、51〜52頁。なお、原文は「不曉得吃茶去」となっているが、誤植と認めて改めた。

2）『二才子』（架蔵）に関する詳細は、別稿に譲る。

3）以下の論述は基本的に常用漢字を用いるが、書名及び引用は特に断らぬ限り、原文通りの表記を用いる。

4）『国書総目録』に、長崎市立博物館蔵と著録するのが本書である。同博物館は既に閉館し、その蔵書は現在長崎歴史文化博物館が継承する。請求記号「市博文書資料　490-11」。

5）木津祐子「『崎陽の學』と荻生徂徠」（『日本中國學會報』第68集、日本中國學會、2016年、136〜151頁）の、注(4)参照（150頁）

6）『明治維新以後の長崎』（長崎市小学校職員会、1925）第七章「人物」、259〜260頁。

7）本印文を解読するに際しては、京都大学文学研究科宇佐美文理教授、埼玉大学文学部成田健太郎准教授から多大なご教示を得た。

8）宮田安『唐通事家系論攷』（長崎文献社、1979）第四十七章「唐通事平井氏家系」、945頁。なお、2019年9月28日に、筆者は長崎市寺町の皓台寺に平井家墓地を訪れ、墓碑の文字が、すべて『唐通事家系論攷』記載通りであることを確認した。

9）長崎唐通事が学んだ官話の文法的特徴については、拙稿2015「琉球通事的正統與長崎通事的忠誠 —— 従兩地「通事書」的差別談起」（中央研究院中國文哲研究所『翻譯與跨文化流動：知識建構、文本與文體的傳播』, 339〜369頁）、同2012「官話」の現地化：長崎通事書の二重他動詞「把」と琉球通事書の処置文」（『京都大學文學部研究紀要』51, 129〜147頁）など。

10）『醫生通話』については後述。

11）問答を、間接話法と直接話法という側面から唐通事の教本を分類する見方については、かつて拙論で論じたことがある。木津祐子 2016「『崎陽の學』と荻生徂徠」（『日本中國學會報』第 68 集、日本中國學會、136〜151 頁）の、137〜140 頁を参照されたい。

12）木津祐子 2008「「官話」文體と「教訓」の言語 —— 琉球官話課本と『聖論』をめぐって」、『吉田富夫先生退休記念中国学論集』（汲古書院）、449〜462 頁。

13）木津祐子 2010「唐通事の「官話」受容 —— もう一つの「訓読」」、中村春作等編『続・訓読論 —— 東アジア漢文世界の形成』、勉誠出版、260〜291 頁など。

14）本資料を最初に紹介したのは、管見の限り、宮田安『唐通事家系論攷』第二十四章「盧君玉を祖とする盧氏家系」（661〜663 頁）が最初である。また、許海華氏の博士論文「幕末明治期における長崎唐通事の史的研究」（2012 年、関西大学、http://hdl.handle.net/10112/9087）にも言及が見える（78 頁）。

15）請求記号「ヘ 13 487」と「13 339」の同本二種有り。

16）『長崎薬史』（長崎県薬剤師会編、1988）第 3 編「薬物栽培」に次のようにある。「安政五年（1858）6 月 14 日、長崎奉行荒尾石見守より御薬園支配代官高木作右衛門え、唐人屋敷出入医師福地苟庵儀唐種大黄培養製造方を聞覚えおるにより、支那式にこれを培養したく、就いては、御薬園附近の畑を少々拝借したき旨願出たので、御薬園内の空地を貸付けて、そこに植付けさせ、なお従前御薬園において植付けてある漢種大黄の世話を致させるよう然るべし。その外栽培人足の儀については、苟庵より御薬園掛の者に談すべきはずにつき、右の趣、その筋へ申渡すべき旨を達した」（80 頁　原文ママ）。なお、本記載は、注 17 に引く亀田一邦氏「福地苟庵小伝」より存在を知り得た。

17）亀田一邦『幕末防長儒医の研究』（和泉書館、2006）第五編「福地苟庵小伝」277 頁。

18）宮田安『唐通事家系論攷』（長崎文献社、1979）「第三十章　呉栄宗（一官）を祖とする呉氏家系」（756 頁）

19）「……来安は呉用蔵の第六子なり幼にして漢書を学び中年某家の養子となり家を興して辞退す偶々母難病に苦しみ施法術なし来安之を見て医学に志し肥後の医塾に其の業を畢へて帰り分家して長崎に医業を営み傍らに家塾に子弟を教育すること凡そ二十年……」（同書 261 頁）

20）請求記号 「シ 16 13」

億が兆より大きい？
── 日中間の大数の命名をめぐって

陳　　力　衛

1　大数はどこまで続く？

　小学生の時からだれでも数を一から数えたことがあるであろう．十進法の数え方で，百，千，万までは難なく行けるであろうが，次から次へと続く数字はいつまで経っても終わりがない．万（10^4）以降の最初の大数は億（10^8）である．万までの十進とは異なり，数え方が四桁ごとの万進となり，十万，百万，千万を経て億へ，兆（10^{12}）へと続く．たとえば，明治時代の長沢亀之助編『算術書：中等教育』（数書閣，明 31）ではすでに表 1 のように千までの四桁を単階，その後の各四桁をそれぞれ万階，億階，兆階ときれいに並べている．

表1　位と万進

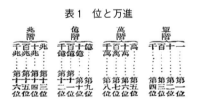

　想像を絶するような巨大な数がさらに先まで存在し，古来，人を魅了してきた．事実，日本では，江戸時代の 1627 年（寛永 4）に明の程大位の『算法統宗』（1592 年序）を参考にして著された『塵劫記』（吉田光由）の初版において初めて大きな数が登場し，十進の数え方で大数を表すも

のもあったが，表2に見るように1634年（寛永11）の版で，すべて万進に統一された[1]．今日でも日本では万進だけが使用されている．

表2　寛永11年版『塵劫記』における大数[2]

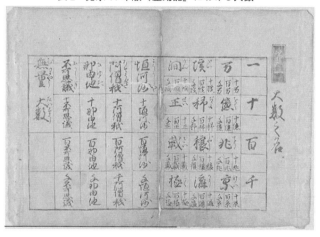

万（10^4）以降も億（10^8），兆（10^{12}），京（10^{16}），垓（10^{20}）などへと万進で続き，最後の無量大数（10^{68}）に至るのが現在アジアの多くの国々での常識とされている．このように万以上の大数を書いてみると，表2のようにみな音読みされる漢字語であることに気づくだろう．言うまでもなく，それは古代中国由来の言い方である．そして，「極」以降のさらなる大数は三文字以上で書かれ，

　　仏説百千万億恒河沙数世界．有小乗生起一念，我則知之．

のように「恒河沙」「阿僧祇」「那由多」「不可思議」など漢訳仏典に見られる語であることから，インドからの影響もあったものと考えられる．

122

2　英語の大数とその対訳

　東アジアの万進に対して，ヨーロッパでは千進である．たとえば，財務省の発表によれば国債と借入金などを合計した「国の借金」が 2018 年 12 月末現在で 1100 兆 5266 億円であるが，それを会計報告書のように算用数字で書くと，1,100,526,600,000,000 となる．

　英語を習うとき，たしかに ten, hundred, thousand の次は thousand を基数とした ten thousand, hundred thousand を経て million（10^6）となるが，同じく，ten million, hundred million を経て billion（10^9）となるわけである．さらに 3 桁進めると trillion（10^{12}）となるが，それでも上記の国の借金を表現するには，桁が足りない．

　ところが，こういった大数の英語を現代の日本語がどう対応しているかをみると，million は百万と訳しているが，billion には二義性があり，十億（米・仏）と万億＝兆（英）のように二通りの解釈が施されている．一般的に前者の解釈が多用されている．trillion も二通りの解釈があり，百万の二乗＝10^{12}（米・仏）と百万の三乗＝10^{18}（英）が当てられている．こちらも現在では前者のほうの解釈を採用することが多い．

　しかし，遡って 19 世紀の対訳辞書をひも解くと，今日の訳とは大分異なっていた．たとえば蘭和辞書の『蘭語訳撰』（1810）には「億」に関する記述しかないが，

これによると，「億」が 10^5＝十万という十進で大数を表していたことが分かる[3]．

　この億＝十万に対して，イギリス人宣教師メドハーストの『英和和英語彙』（1830）の英和の部には，

とあるように，Million を百万で対訳している．その訳語に「O-ta ヲタ」
も見られる．これは「ヲク」の誤記であろう．その次の行に同じ Million
が兆にもイコールということになっている．すると億も兆も同じく Million
にあたるように見えるが，同書の和英の部では「億」を A hundred
thousand としていることから考えて，英和の部で混乱が起きたのであろ
う．つまりこの辞書も「億」は hundred thousand = 10^5 を表していると
考えられる．

　しかし，明治維新の前年に出版した，アメリカ人のヘボンの『和英語
林集成』初版（1867）の英和の部では，やはり，はっきりと，

と書かれていて，Million = 百万 10^6 = 億であることが分かる．同じ辞書
の和英の部でも億 = Million = 百万と，それを裏付けている．

　実はヘボンは辞書の前書きでメドハーストの辞書を参考にしたと書い
ているので，初版ではメドハーストの記述をそのまま引継ぎ，再版（1872）
時にその誤りに気付いて下記のように訂正したものと思われる[4]．

ここでは「億」に二通りの意味があると説明されている．一つは，億 =
$100 \times 1000 = 10^5$ であり，すなわち，百万ではなく，十万となっている

（先の『蘭語訳撰』と同じ）．もう一つは，億 = 10000 × 10000 = 100million = 10^8 で今日の理解と一致している．

　もう一つの大数をこの辞書で調べると，

　　billion　　hyakuman no hyakuman（再版）

　　　　　　　Man-oku（三版，1886）

のように，再版では「百万の百万」であり，三版では言い方を変えて「万億」となっているが，いずれも現在の兆 = 10^{12} に当たる．これはほかでもなく，billion に対する前述した英国の解釈（万億 = 兆）にあたる．

　さて問題は，過去にはなぜ「億」が 10^5 すなわち十万をも表し（『蘭語訳撰』（1810）），「兆」が 10^6 すなわち百万をも表した（『英和和英語彙』（1830））のかということである．冒頭の『塵劫記』における大数「億（10^8），兆（10^{12}）」とはケタが違うから，考えようによっては，兆が億より小さいということにもなりかねない．この疑問を解決するには，どうしても中国の数学史に立ち戻らなければならない．

3　中国における「億」「兆」の揺れ

　薮内清の『中国の数学』（1974）によれば，殷代（紀元前17世紀頃-紀元前1046年）の青銅器に刻まれた銘文に，すでに万の上にさらに億という字が現れている．西暦200年前後の漢の『数術記遺』（徐岳著）という数学書に，上中下三種の位取りについて述べられている．下数というのは十々で位取りが変わり，十万を億とするものである．中数は万々で変わり，万々を億とする．万々億を兆とする．上数は「数が極まれば変わる」もので，万々を億，億々を兆とする．西周の時代には下数の呼称が行われたらしい[5]．万億を兆とする現行の数え方も，やはり中国の唐の時代に行われたらしい．『資治通鑑』巻224に元の胡三省が注して唐の孔穎達の説を引き，「億の数に大小二法あり」と述べている．その小数の

数え方は，十億を一兆とするもので，昔の下数にあたる．これに対し大数は中数にあたり，万億を兆とするものである．こうした唐代の数え方が日本に伝わったのであろうという．

小倉金之助（1935）に中国の数学が国際化に向かう過程に関する簡潔な記述がある．それによれば，16世紀に西洋世界が東洋に進出を始めてから，キリスト教とともに西洋数学が中国へ伝わった．時は明の末，ちょうど中国における数学が没落し，古来の伝統に輝く数学がほとんど忘れられていた時代であった．それで天文，暦算，測量などの必要から，マテオ・リッチなどの宣教師は，徐光啓，李之藻のような才能ある官吏によって信頼されるところとなり，『幾何原本』（1607），『同文算指』（1614）のような西洋数学書の翻訳が出版された．清代に入ると，梅文鼎（てい）のような才子や康熙帝（こうき）のような数学愛好者が出て，西洋数学の多大なる影響と支配の下に『数理精蘊（せいうん）』（1723），『暦算全書』（1723）のような大作が刊行されるに至った．しかし，清代の考証学が全盛期を迎えた18世紀末から1820年頃までは古来の伝統的数学が再発見され，復興した．やがて伝統的数学は，西洋伝来の数学と対立し，時には混淆するようになる．アヘン戦争以降，上海においてイギリス人宣教師ワイリーやエドキンスなどによって西洋数学・科学の翻訳が行われた．ワイリーは『数学啓蒙』（1853）を中国一流の数学者李善蘭（りぜんらん）の助けを得て著述し，また，かれらの口授は李善蘭の筆記によって，『続幾何原本』（1857），『重学浅説』（1858），『代数学』（1859），『代微積拾級』（1859），として出版され，日本にも伝わった．明治初期の日本人がそれによって西洋数学を習うことで，「数学，対数，代数，函数，微分，積分」などが近代数学用語として日本語にも使われるようになった．

上記のように，唐の時代からすでに「大数と小数」の二系統の数え方があり，小数（つまり下数の位取り）の歴史がもっと古く遡るが，唐以降では次第に大数（つまり万億を兆とする）が増え始め，17世紀から18世紀にかけての明末清初に至って西洋数学書の翻訳とともに一般化した．

西洋数学の影響を受けて成立した『数理精蘊』（1723）以降，中国でも万進の大数によって万万を「億」，万億を「兆」，万兆を「京」と表していたが，その後の清代の考証学の発達によって，古代数学への復古を図った結果，また下数（小数）を中心とした数え方が蘇り，下数中心の系統に逆戻りをしていた．これぞ中国本来の数学として使われるようになった．その結果，日本でも唐以降に伝わった大数のほかに，近世後期に中国と同じように下数の「億」＝10^5，「兆」＝10^6が『蘭語訳撰』（1810），『英和和英語彙』（1830）にそれぞれ使われるようになった．

　もちろん19世紀の中国において，イギリス宣教師モリソンの華英字典『五車韻府』（1815）にも，

　　億　One hundred thousand

　　兆　A Million

とあり，「億」が十万，「兆」が百万と説明されているのはその反映である．20世紀に入ってからの『商務書館英華字典』（1906）でも同じく，

　　Million　一兆，百万

と，兆＝百万という理解が続いている．

　19世紀当時の文章にも「兆」の多用が目立つ．イギリス人宣教師ホブソンの『博物新編』（1855）は，

　　合計天下人民大約有九百兆（一百万為一兆）之数．（巻三「万国人民論」）

と，当時の世界人口がおよそ「九百兆」であると述べ，兆が百万を表すことを括弧内の注で説明している．同時代の中国の人口も当時よく「四百兆」で表現している．これらの「兆」は下数の百万であるから，今風に直せば，

　　九百兆＝900×1000000＝九億，四百兆＝400×1000000＝四億

となる．

　こうすると，日本と中国とで同じ数表現を使っていながら，完全に桁違いの数を表していたことになる．通商関係などでよくも行き違いが生

じなかったものである．日清戦争後の下関での講和条約は，

　　清国ハ軍費賠償金トシテ庫平銀弐億両ヲ日本国ニ支払フヘキコトヲ
　　約ス

のように賠償金額を「弐億両」と定めているが，もしこれを当時の中国
の下数で理解すれば，ゼロが三つ少なくなるという誤解を招きかねない．
そこで，条約の中国語版ではさすがに常用的な「二百兆両」をも使わず，
大数の「二万万両」を使って対訳している．ただ，中国内部においては
相変わらず旧来の「兆」が使われた．たとえば，光緒二十七（1901）年
四月初九日，清の皇帝は「各国賠款共四百五十兆，四厘息，著即照准．
以便迅速撤兵．」と勅諭し，北清事変後の各国への賠償金を「四百五十
兆」と批准し，事態の鎮静化を図った．

　　しかし，横浜で発行された梁啓超主筆の『清議報』も，その第1冊
（1898年12月）において，

　　然俄国之強人民極衆有一百三十兆之多即太平時亦有兵一兆倘遇争戦
　　則有二兆二十万兵預備．

と，ロシアの人口は「一百三十兆」で，平時の兵隊は「一兆」だが，戦
時となれば予備軍を入れて「二兆二十万」あると説明している．しかし，
同じ『清議報』の第4冊（1899年2月）における日本の新聞報道の紹介
では，

　　日本報云，俄国人口有一億二千九百万人．

と，ロシアの人口が「一億二千九百万人」とされている．つまり，同じ
ロシアの人口が記事によって「一百三十兆」と書かれたり「一億二千九
百万」と書かれたりするという奇妙な現象が現れた．

　　さらに，中国の人口を「四百兆」といいながら，『清議報』第1冊の発
刊の辞では「支那四万万同胞」と，新たに「四万万」という言い方を使
い出している．これは先の日清戦争の賠償金額「二万万両」と同じく大
数の言い方に回帰するもので，

　　四万万 = 4 × 10000 × 10000 = 四億

を表すが，なぜかこの「四万万」の表現は当時の保守的な文化人に受け入れられず批判を浴びた．康有為は「中国顛危在全法欧美而尽棄国粋説」（中国の危機は欧米を模倣して国粋を棄てることにある）（1913年7月）の文中で，いわゆる「文字名詞，日本に媚びる」「恥ずべき悲しむべき」現象として批判し，さらに「体になっていない」語として「脳筋，起点，支那，黄種」とともにこの「四万万人」を挙げ，新聞に満ちたこれらの語はまったく目ざわりだと強烈に批判した[6]．

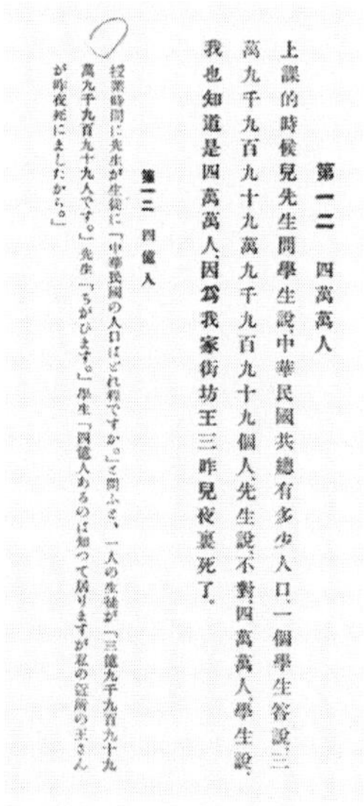

　下数の「四百兆」も大数の「四万万」も同じ数を表している．しかし前者は当時の言いなれた同時代的な言い方であり，後者は新しくもないすでに18世紀に使われた西洋的要素のある言い方である．この後者の表現はまさに近代西洋数学とつながるものであったために，批判にあったのである．

　しかし，批判にもかかわらず，20世紀以降それは広く一般化した．日本人の矢野藤助編訳の『支那笑話新編』（文求堂書店，1925）は中日対訳になっていて，「四万万人」と「四億人」という両国の表現の対比を示している．

次の図版（縦書き）：

第一二　四萬萬人
上課的時候先兒問學生說中華民國共總有多少人口一個學生答說：
萬九千七百九十九萬九千九百九十九個人先生說不對四萬萬人學生說。
我也知道是四萬萬人因爲我家街坊王三昨晚夜裏死了。

第二二　四億人
經業時間に先生が生徒に「中華民國の人口はどれ程ですか」と問ふと，一人の生徒が「三億九千九百九十九萬九千九百九十九人です」先生「ちがひます」學生「四億人なのは知つて居りますが私の近所の王さんが昨夜死にましたから。」

4　20世紀以降の日中数学交流

　数学においては古来中国のほうが発達し，日本に影響を及ぼしてきただけでなく，近代数学史における西学東漸と日中交流の歴史にも注目すべきところが多かろう．周知の通り和算から西洋数学への転換も同じく中国からの漢訳洋書を通して果たされたものであった．しかし近代にな

って日本では，明治5年（1872）に公布された学制は，大・中・小における数学をすべて洋算と定めたことでいち早く西洋の命数法に統一した．明治10年に東京数学会社という数学専門の学会が設立され、学会誌を発行し、数学用語の策定と定義づけを行った．そうしたことで逆に20世紀に入ってから中国に多大な影響を及ぼしていたのであった[7]．

　多数の著作や翻訳のある数学者長沢亀之助『解法適用数学辞書』（郁文舎，明治38(1905)年7月）には清国江蘇の数学者崔 朝 慶（さいちょうけい）が序文を寄せ，「近代の日本数学書の出版は中国より何十倍も多く，中国に輸入するものも汗牛充棟といえるほどだ」と述べている．事実，民国14年（1925）に，中国人倪徳基（げいとくき）・酈禄琦（れきろくき）による『数学辞典』（中華書局）の編集出版が行われたが，それは長沢の上記の辞書を翻訳したものにほかならなかった．この辞書での命数法はもちろん万進で，「万」のあとは「十万，百万，千万」を経て「億」に入るのである．

日本版（1905）

中国版（1925）

　日本では明治以降から万進の大数に統一されたのに対して，中国には依然として新旧二通りの数表現の体系が存在していた．『辞源』（続編，中華書局，1931）によれば，中国の命数法には新旧二つの系統がある．旧のほうは万進の大数で日本（表1）と同じであるが，新のほうは表3に示す十進の下数で，近時まで使われていたという．

表3　中国近代の下数による命数法

　そこで，大数，下数と英語（米国）の数表現の対応関係は表4のようにまとめることができる．

表4　中国語と英語における数表現の対応

	大数（万進）	下数（十進）	英語	物理学の単位	中国語
10^1	十	十	ten		
10^2	百	百	hundred		
10^3	千	千	thousand		
10^4	万	万	ten thousand		
10^5	十万	億	hundred thousand		
10^6	百万	兆	million	Mega	兆
10^7	千万	京	ten million		
10^8	億＝万万	垓＝百兆	hundred million		
10^9	十億	秭＝千兆	billion	Giga	千兆
10^{10}	百億	穣	ten billion		
10^{11}	千億	溝	hundred billion		
10^{12}	兆＝万億	澗	trillion	Tera	兆兆
10^{13}	十兆	正	ten trillion		
10^{14}	百兆	載	hundred trillion		
10^{15}	千兆	極	quadrillion		
10^{16}	京＝万兆	恒河沙	ten quadrillion		
10^{17}	十京	阿僧祇	hundred quadrillion		
10^{18}	百京	那由多	quintillion		

　表4における太字の「億」「兆」「京」をみると，二つの系統で値がまったく異なる．第2節の最後に記した疑問をこの表に照らし合わせてみ

れば，「億」によって10^5＝十万を表す（『蘭語訳撰』）のは下数の応用で，現代日本で使われている10^8＝万万を表す「億」（『和英語林集成』第2版）は大数の応用である．同様に，「兆」は大数では10^{12}を表すが，下数では10^6＝百万（『英和和英語彙』）を表す．

　中国近代におけるこの「億」と「兆」の混乱を解消するために，民国20（1931）年6月，教育部から通達が下り，いっそのこと，この二字による記数をやめて，万以上の数字にすべて数字を冠して，「十万，百万，千万，万万，十万万，百万万…」とするように統一が図られた．そして命数法も西洋世界に合わせて，三桁を一節とし，千をもって代え，万を十千，百万を million，十万万を billion とするようになった．

　しかし，今日の中国では「億」は一般に大数の「万万」（10^8）を表すことで特に問題はなかったが，紛らわしいことに中国の代表的な国語辞書『現代漢語詞典』（第6版，2012）では依然として「兆」を下数の「百万」（10^6）と解釈している[8]．しかも電力，情報処理などの分野では Mega をこの下数の「兆」で表す．このため，比較の方法によっては，所々では兆より億の方が大きいことになる．

　数学においても現代中国の「億」が日本と同じ数（10^8）を表している．しかし「兆」は一体どのくらいかという議論は尽きない．最近の一般的な認識は「億」より「兆」のほうは大きいし，それも日本語からの影響が見られるという．つまり日本との交流が深まるにつれて，貿易関係の報道では何「兆」円とするものが多く，それはむろん中国の下数の「百万」（10^6）ではなく，日本の大数の「万億」（10^{12}）を表しているそうだ[9]．しかし，実際には韓国や台湾，香港などでは早くも日本と同じく「兆」＝「万億」（10^{12}）だったから，中国の民国期における数学教科書でも同じ捉え方だった．

参考文献

長沢亀之助『解法適用数学辞書』郁文舎，1905 年 7 月

小倉金之助「極東に於ける数学の国際化と産業革命」『数学史研究』第 1 輯，岩波
書店，1935 年 12 月

薮内清『中国の数学』岩波新書，1974 年

張誼生「釈数詞 "兆"」『辞書研究』1996 年 1 月

唐鈕明「"億"表 "十万" 和 "万万" 的時代層次」『辞書研究』1996 年 1 月

黄興涛「新名詞的政治文化史」『新史学』第 3 輯，2009 年 12 月

佐々木力『数学史』岩波書店，2010 年 2 月

付記

　本稿は雑誌『数学セミナー』（第 58 巻 7 号，通巻 693 号，日本評論社，2019.7）
に寄稿したものを加筆、修正したものである。

注

1）大矢真一校注の『塵劫記』（岩波文庫，1977）にある「億」の注記によれば，
『算法統宗』の「大数」の名は『塵劫記』と同じ．

2）公益財団法人阪本龍門文庫電子画像集 http://mahoroba.lib.nara-wu.ac.jp/
y05/html/380/s/p006.html による．

3）オランダにおける milioen は 10,000 になるのか．むろんそんなことはない．
『蘭語訳撰』の姉妹篇とされる『バスダード辞書』（1822）ではそれを百万と訳
しているし，その前の『ハルマ和解』（稲村三伯編，1796）も同じである．し
たがって，ここでは明らかに間違った蘭語 Tien milioen が当てられていた．

4）田野村忠温氏の教示によれば，10^6 を「億」とした文献は確認の限りにおいて
中国，日本を通じてメドハースト 1830 とヘボン初版の 2 件だけだとのことであ
る．メドハーストの『英華辞典』（1848）では 10^6 を「兆」と訳している．

5）たしかに，中国の研究者唐鈕明の「"億"表 "十万" 和 "万万" 的時代層次」
（『辞書研究』1996 年 1 月）によると，「億」は西漢以前では "十万" を表し，東
漢以降では "万万" を表していることがわかる．

6）黄興涛「新名詞的政治文化史」『新史学』第 3 輯，2009 年 12 月

7）たとえば，中華民国二十四（1935）年十月に教育部が『数学名詞』（国立編
訳館編訂，正中書局印行，1945 版）を公布した．その中に「公理 axiom」「測
度術 geometry」「解析 analysis」「座標 co-ordinates」「虚根 imaginary root」
など日本語から逆輸入された数学用語も見え，いわば日本語による数学の新訳
語が中国語にも使われるようになった．

8）数目．a）一百万．b）古代指一万億．

9）張誼生「釈数詞 "兆"」『辞書研究』1996 年 1 月

【執筆者紹介】（執筆順）

内　田　慶　市　　　主　　　幹・関西大学　外国語学部教授

沈　　　国　威　　　研　究　員・関西大学　外国語学部教授

乾　　　善　彦　　　研　究　員・関西大学　文学部教授

奥　村　佳代子　　　研　究　員・関西大学　外国語学部教授

木　津　祐　子　　　委嘱研究員・京都大学　文学研究科教授

陳　　　力　衛　　　委嘱研究員・成城大学　経済学部教授

関西大学東西学術研究所研究叢書　第8号

言語接触研究の最前線

令和2（2020）年2月29日　発行

編著者　　内　田　慶　市

発行者　　関 西 大 学 東 西 学 術 研 究 所
　　　　　〒564-8680　大阪府吹田市山手町 3-3-35

発行所　　株式会社　ユ ニ ウ ス
　　　　　〒532-0012　大阪府大阪市淀川区木川東 4-17-31

印刷所　　株式会社　遊 文 舎
　　　　　〒532-0012　大阪府大阪市淀川区木川東 4-17-31

©2020 Keiichi UCHIDA　　　　　　　　　　Printed in Japan

ISBN978-4-946421-74-7 C3080　　　　落丁・乱丁はお取替えいたします。

The forefront of language contact studies

Contents